朝「10秒そうじ」のすすめ

今村 暁

三笠書房

はじめに

朝10秒そうじ——人生を変える一番簡単な方法

何度も掃除の習慣を手に入れようとしたのに……
何度もダイエットの習慣を手に入れようとしたのに……
何度も早起きの習慣を手に入れようとしたのに……
何度も勉強の習慣を手に入れようとしたのに……
何度もイライラしないと誓ったのに……

このような悩みを持つ人たちは日本中にたくさんいます。あなたも掃除の本を読むのは、はじめてではないかもしれません。でも「掃除を習慣にする方法」について書かれた本には、一度も出合えなかったのではないでしょうか。
この本は、単なる掃除のテクニック本ではありません。「習慣教育」（8ページ参照）のノウハウを使って、簡単に掃除を続ける方法が書かれています。


「誰でも掃除が好きになってしまう」

「誰でも掃除を続けたくなってしまう」

「そして、誰でも人生が劇的に変わってしまう」


本書には、そんなすごい方法が書かれているのです。

「朝、10秒間、掃除をする」だけで、本当にあなたの人生は変わります。

論より証拠。朝「10秒そうじ」を続けた人のなかには、次のような劇的な変化を体験した人が数多くいるのです。

- 営業成績が全国で1位になったビジネスマン。
- 20年以上、運動をしていなかったのにウルトラマラソンを完走した主婦。
- 会社の業績がV字回復した経営者。
- 年収が倍増したキャリアウーマン。

・冷え切っていた家族関係が温かみを増した家庭。
・20キロのダイエットに成功したビジネスマン。

「たった10秒の掃除でいいの？」と思われる方もいるかもしれません。

それでいいのです。**大切なのは続けること**。たった10秒でもいいから毎日続けることによって、部屋は片付き、人生は大きく好転していきます。

◎1000軒の汚部屋から見えてきたこと

これまで私は、あっと驚くようなゴミ屋敷や汚部屋をたくさん見てきました。今では人としばらく話をすれば「この人の家はキレイだな」「この人の部屋は散らかっているだろうな」ということが高確率で当たるようになりました。

これだけの数をこなしてきて実感することは、

「誰でも簡単に、掃除の習慣が身につく」

ということです。「習慣教育」のメソッドを使えば、「強固な意志」「我慢」「根性」は必要ありません。楽しく、掃除の習慣が手に入ります。

◎ 掃除したその日から人生が変わり始める

掃除は、基本的に自分でやるのがいいでしょう。

ただ、あまりにも汚くなってしまったときには、ひとりではどうにもなりません。第三者の手を借りるほうがいいケースもあります。一度、ピカピカに掃除をすると、それを維持することはたやすくできるようになります。

いわゆる「汚部屋」には、典型的な症状があります。

- 窓を開けて換気をしていないのでずっしりと重苦しい空気の部屋。
- ペットボトルが散乱している部屋。
- タンスの引き出しが閉められない部屋。
- 歯ブラシやヘアーブラシがたくさん出てくる部屋。

・電気の傘に埃が積もっていて今にも火事になりそうな部屋。
・空気清浄機を回し続けているけど、住人が埃アレルギーで苦しんでいる部屋。

こんな部屋に住んでいる人でも、一緒に掃除についての考え方を学び、一緒に掃除をしていくと、1日で部屋がキレイになります。自分ひとりでは何年かかっても掃除できなかった部屋が、たった1日でキレイになるのです。

片付けをした部屋は窓を開けると部屋中に気持ちのいい風が颯爽と吹き込みます。**「部屋に命が吹き込まれた！」**と感じる瞬間です。

部屋に命が吹き込まれると、そこに住んでいる人の心に変化が起こります。明るく、前向きになるのです。そして夢や目標を持ち、自分の力で歩き始めることができるようになります。

掃除を始めるということは、その人の「第2の誕生日」なのです。

これは汚部屋の住人だけに限りません。

あなたも**朝「10秒そうじ」を続けると、次々にいいことが起きる**でしょう。

なにも不思議なことではありません。あなたが、以前より素晴らしい習慣を身につけたから当然のことなのです。

◎夢を叶える習慣道

私は「習慣教育」という能力開発メソッドを全国の経営者、ビジネスマン、スポーツ選手、受験生をはじめとするあらゆる世界の人に行ってまいりました。全国模試で日本一になった受験生、不登校から立ち直った子ども、会社を上場させた経営者、チャンピオンになったスポーツ選手……様々な世界で、「**習慣を変えることで人生は変わる**」ことを実証してきました。

夢の実現や目標の達成には、「良い行動を継続する」ことが不可欠です。「思いついたときだけ」「1日だけ」行動するのではなく、継続して「習慣」にするから人生は好転していくのです。

1日だけならたいていの人は、№1の人と同じ努力ができます。夢や目標を達成できないのは、能力がないのではなく、継続できないからなのです。

私はこれまで、数多くのクライアントの習慣改善をサポートしてきましたが、その経験を通して、ある重要なことに気づきました。それは、**「4つの基本的な習慣が身につくと、他の習慣も簡単に手に入る」**ということです。具体的には、「早起き」「掃除」「日記」「十の誓い（205ページ参照）」の4つの習慣です。

じつは、本書で紹介する朝「10秒そうじ」をすると、4つのうち、「早起き」と「掃除」の2つの習慣が手に入ります。

早起きと掃除のパワーに気付いてからは、クライアントに「最初の1カ月で早起きと部屋の掃除をする」ことを徹底させるようにしました。

すると、最初の1カ月でクライアントの表情が劇的に晴れやかになり、2カ月目からは夢や目標に向かって、すいすい進んでいく姿を見られるようになったのです。

あなたもこの本で早起きと掃除の習慣を手に入れ、人生を楽しく思い通りに変えてください！　その効果は、実証済みです。

今村　暁

の掃除とはまったく違う！

これまでの掃除

面倒

つまらない

時間がかかる

疲れる

誰かがやってくれるかもしれない「他責の習慣」

一部屋全部やりきらなくちゃいけない

挫折して、結局やらない

何も変わらない、うんざり人生！

朝「10秒そうじ」は、ただ

朝「10秒そうじ」

ラク
楽しい
たった 10 秒だからいつでもできる
元気になる
自分でやる「自責の習慣」
50 センチ四方でも OK
途中でいい
毎日続く

次々にいいことが起こる、ワクワク人生！

チェックテスト あなたの部屋を診断！

次の12問のＡ～Ｃの中で該当するものにそれぞれチェックをして、あなたの部屋の状態を診断してみましょう！

Question1　服について

□Ａ　クローゼットには必要な服しか入っていない。
□Ｂ　着ていない服が家にたくさんある。
□Ｃ　クローゼットや棚の前にハンガーラックがあり、閉まらない。

Question2　換気について

□Ａ　毎日必ず換気している。
□Ｂ　１週間に一度は必ず換気をしている。
□Ｃ　意識的に換気することはほとんどない。

Question3　傘について

□Ａ　家族の人数分の傘しか家にない。
□Ｂ　ビニール傘が２本以上ある。
□Ｃ　使っていない傘が３本以上ある。

Question4　小さなモノについて

□Ａ　出張先のホテルからアメニティグッズを持ち帰ることはない。
□Ｂ　部屋に同じ色のボールペンや消しゴムなどが何個もある。
□Ｃ　部屋に爪切り、ブラシ、耳かきなどがそれぞれ何個もある。

Question5　モノの買い方について

□Ａ　必要なモノを必要な分だけ買う。
□Ｂ　多めに購入するほうが得なので、つねに予備を購入している。
□Ｃ　通販番組が大好きでつい衝動買いしてしまう。

Question6　食事について

□Ａ　家で自炊して食べることが多い。
□Ｂ　食事はコンビニ弁当や外食ばかりである。
□Ｃ　カップ麺が多い。

Question7　感情の安定度について

- □ A　心が安定し、毎日が朗らかに楽しい。
- □ B　突然イライラしたり、悲しくなったりすることが時々ある。
- □ C　いつもイライラしたり、悲しくなったりする。

Question8　行動習慣について

- □ A　やろうと思ったことはすぐにやる。
- □ B　つい先延ばしにしてしまう癖がある。
- □ C　自分がグズで先延ばしにしてしまうのは仕方ないと思う。

Question9　掃除の習慣について

- □ A　毎日、片付け、掃除をする習慣がある。
- □ B　週末にまとめて掃除をする習慣がある。
- □ C　掃除が習慣になっていない。

Question10　起床時の行動について

- □ A　目が覚めると同時に、元気に早起きができる。
- □ B　時間ギリギリにならないと起きられない。
- □ C　朝、布団から出るのが辛い。

Question11　仕事について

- □ A　効率のよい仕事を心がけている。
- □ B　仕事に遅刻したり、期日を守れないことが時々ある。
- □ C　仕事で期日を守らず、上司や取引先からよく叱られる。

Question12　対人関係について

- □ A　人付き合いが楽しく、自分は恵まれていると思う。
- □ B　人の嫌なところが時々目につく。
- □ C　最近、対人関係のストレスで体重が増えてきた。

結果は
次のページに！

A～Cの回答をそれぞれいくつチェックしたか下の□の中に書き込み、合計点を集計してください。

A□個×0点　B□個×1点　C□個×2点　合計□点

診断結果

合計点を元にあなたの部屋の状態の危険度を解説していきます！

0～3点の人　現状を保ちましょう！

人生を素晴らしくコントロールできています。
今後も快適な日々をお過ごしください!!

4～13点の人　汚部屋予備軍

今はそこまで汚くないかもしれません。
でも、仕事や体調などちょっとしたアクシデントをきっかけとして
一気に汚部屋スパイラルに陥る可能性があります。
毎日の 10 秒朝そうじを心がけましょう。

14～19点の人　ゴミ屋敷予備軍

ゴミ屋敷にすでに片足をつっこんでいる状態です。不要なモノを
捨てる大掃除と、日々の朝「10 秒そうじ」をするとよいでしょう。

20～24点の人　ゴミ屋敷住人？

家はすでにゴミ屋敷ではないでしょうか？
部屋を掃除するだけで悪循環から抜け出すことができます。
目の前のゴミをひとつ捨てることからスタートしましょう。
人生が変わります。これから一番、
人生での伸び代のある人たちです。

「汚部屋予備軍」「ゴミ屋敷予備軍」「ゴミ屋敷住人？」の人は、
さらに 3 タイプに分かれます。詳しくは左ページをご覧ください。

Type1　陽気興奮散らかしタイプ

一見、社交的で友人も多く、コミュニケーション上手に見えることもあります。経営者や能力の高いビジネスマンに多いタイプです。いつもやりたいことにあふれ、テンションが高く、明るい性格ですが、気分の移り変わりが激しく、突然イライラしたりします。

ほしいモノをあまり我慢することができず、衝動買いしてしまいます。買ったことを忘れてまた買ってしまうことも多々あり、モノを使いきることがなかなかできません。人前に出ることが好きでオシャレな人も多く、部屋にはブランド品がたくさん積まれています。

Type2　陰気無感動散らかしタイプ

テンションが低く、行動的でないため、積極的に部屋を散らかしていくわけではありません。ただ、無気力で行動しないために、日々、汚れが蓄積していきます。

コミュニケーションが苦手なため、自分の世界にこもりがちです。外の世界に対して興味や関心がなくなっていき、感性が弱っていくため、夢ややりたいことなどが出てきません。自発的に行動をすることが少なくなり、他人に言われたから行動するという習慣になっていきます。いつも疲れていて、眠く感じており、過食や拒食になっている人もいます。

Type3　陽気陰気お天気タイプ

このタイプは陽気興奮散らかしタイプと陰気無感動散らかしタイプを行ったり来たりします。陽気なときには集中力を発揮し、活躍をします。でも何かの拍子に突然怒りだしたり、部屋に帰ると陰気モードになったりします。陰気モードに入ったときに部屋が汚れていき、陽気モードに入ると部屋をキレイに掃除する人が多いようです。

……あなたはどのタイプでしたか？

『朝「10秒そうじ」のすすめ』◇もくじ

1章 始めたその日から「いいこと」が次々起こる!

2章 部屋を見れば、あなたの「頭の中」がわかる

3章

だから「10秒そうじ」は人生を劇的に変える

4章 「10秒そうじ」のゴールデンルール

5章 もっと「そうじが楽しくなる」4ステップ

6章 「キレイな状態」を日常にするために

イラスト　坂本伊久子
本文DTP　宇那木孝俊

1章

始めたその日から「いいこと」が次々起こる！

掃除は驚くべきパワーを持っています。
あなたの悩みが解決し、夢は実現に向けて動き出します。
ぜひ、あなたの部屋と輝かしい未来を想像しながら、
本章を読んでみてください！

01

モノが語るメッセージに気づいていますか？

あなたの部屋にあるモノは、いろいろなメッセージをあなたに語りかけてきます。

もしかしたら、「もっと僕をキレイにしてよ」と言っているかもしれません。

そのような**モノからのメッセージ**に対して、あなたは無意識に、1個1個答えてしまっているのです。

「汚いよな」「片付けなくちゃいけないよな」「携帯充電しなきゃいけないな」「あぁ、これ使ってないよなぁ」など、いちいち声に出してはいませんが、じつは頭の中で同時に何十、何百という会話をしてしまっているのです。

たとえば、「ゴミが100個ある人」「モノが0個の人」「楽しくなるモノが10個ある人」の3つのタイプでは生き方が当然、変わってきます。

これは人間にたとえると、「嫌なことばかり言う人が100人家にいる」か「誰も家にいない」か「楽しい会話をする友人が10人いる」かという差になります。

ゴミが100個のところに行ったら、いつも嫌味を言われたりダメ出しをされる気分を味わうことでしょう。何もないところに行ったら、誰とも（モノとも）会話をしないので、ひとりの時間が楽しめるでしょう。自分が本当にワクワクして楽しくなるモノが10個あるのなら、そこの空間にいるだけで気持ちいいし楽しくなります。

いずれにしても、**モノが多すぎるのはおすすめできません。**

モノはいつもあなたと会話をしたがっています。「もっと僕と会話して！」「僕をちゃんと受け止めて！」と言っています。あなたの帰宅を今か今かと待ち構えているのです。

モノが多すぎると、メッセージを絶えず語りかけられ、会話をし続けることになるので、「自分自身と対話する」時間を取ることができません。

掃除をし、モノからのメッセージが減ってくると、ムダな会話が減り、ようやく自分自身との対話ができるようになっていきます。そして、本当にやるべきこと、やりたいことを考える時間が増えていきます。

誰しも自分自身との対話なしに、心の安定や成功、幸せを手に入れることはできません。

さらに、多すぎるモノからダメ出しされる状態が続くと、あなたは家に帰る時間を遅らせたり、家に帰っても対話を拒否し、無視し続けるようになります。

想像してみてください。あなたの部屋にはあなたに無視し続けられ、虐げられている人（モノ）がたくさんいるのです。そんな部屋が「良い場」になるはずもありません。

無視し続けるようなモノがたくさんあるようなら、**今までのお礼を言って捨てていくのがいい**でしょう。

ゴミが100個ある人

モノが0個の人

楽しくなるモノが10個ある人

02

部屋がキレイかどうかで「幸せの総量」が変わる

◎ゴミからのメッセージへの反応① 逃避する人

汚部屋の住人のゴミからのメッセージに対する反応は、大きく分けてふたつあります。

ひとつは、自分にダメ出しする環境から逃げ出すタイプです。

家に帰ると、いっせいに自分にダメ出しをする人（モノ）たちに囲まれるのですから、そんな環境を好きな人がいるわけもありません。ですから自分の家に寄りつかなくなっていくのです。自分の家が安心できる環境ではないため、最低限の寝る時間だけ帰宅するような生活になっていきます。

このような人たちには、次のような傾向があります。

- 暇さえあれば友人を誘って飲みに行く。
- サウナやマッサージが好きで、家に直帰しない。
- 過度に働く。
- 休みのたびに、ピクニックなどの外出をする。
- 仕事をしたり読書するために、わざわざ喫茶店やホテルに行く。

これらは「**陽気興奮散らかしタイプ**」（15ページ参照）に多い傾向です。

じつは、無意識レベルで、自宅で安心することができないために起こっている拒絶反応であることが多いのです。自分の家が安心できる環境なら、外出するよりも何よりも自分の家が一番くつろげて、英気を養うことができる場所になるのです。

◎ゴミからのメッセージへの反応②　五感をふさぎ鈍感になる人

自分の部屋が散らかっていったときに起こるもうひとつの反応のタイプは、外出する気力と行動力をなくし、鈍感になっていくタイプです。自分にダメ出しをするモノたちから逃避したくても、自分の家にいざるを得ないような人に多い傾向です。**「陰気無感動散らかしタイプ」**（15ページ参照）の典型的な反応ともいえるでしょう。

自分の部屋に入ると、いっせいにモノやゴミや部屋がネガティブなメッセージを語りかけてきます。その環境から逃げられないため、メッセージを受け取らないように、徐々に目と耳と鼻を閉じるようになっていきます。見て見ぬふりをしたり、メッセージが聞こえないふりをしたり、匂いを感じないふりをし始めるのです。

次第に「感性＝感じる心」を閉ざしていきます。感性を閉ざしていくと、自分の心と対話することもできなくなっていきます。夢ややりたいことなんてわいてきません。ただ無気力に鈍感になっていくのです。

こうして学校や会社に行けなくなっていった人をたくさん見てきました。掃除する気力もなくなり、何をする気力もなくなり、陰気、無気力、無感動になっていくのです。そうして人生を諦めていくのです。

感性を取り戻し、行動的な自分を取り戻そう！

陽気興奮散らかしタイプも陰気無感動散らかしタイプも、じつは根っこは同じ「モノからのメッセージ」に対する反応からくるものでした。

自分を否定し、自分にダメ出しし続ける人（モノ）とは別れるべきです。自分の感性を鈍らせてしまうような生活環境は変えたほうがいいでしょう。

人生は行動の積み重ねで決まります。そして**行動というのは「感じるから動く」ことができる**のです。感性を失った人間は行動ができなくなってしまいます。

人との対話、モノとの対話を楽しくできる感受性のいい自分を取り戻すために、今日もひとつずつでいいので片付けていきましょう。

03

「掃除で人生が好転する」絶対法則

掃除をすると人生が好転するのは「単なる気のせい」ではありません。掃除をすると、目に見えない力が働いてなんとなく運気が向いてくるというものでもありません。

本人にとって楽しい人生を送るために、必要であり、十分な習慣が身についたという表れが、掃除ができているという結果を生んでいるのです。

私は、良い習慣づくりをするという「習慣教育」の指導をしてきました。そこで、掃除ができない人に掃除ができない理由を聞いてきました。答えは様々でした。

「やったほうがいいとわかっていても、ついつい先延ばしをしてしまうから」
「家族の誰かがやってくれるものだから」
「小さなことは気にしないから」
「忙しくて時間が取れないから」
「やり方がわからないから」

……など、いろいろな理由があって掃除をしないのです。

これは、じつは掃除だけの問題ではありません。「先延ばし癖」「他人任せ」「小さいことに気付けない」「時間管理ができない」「わからないことはそのまま放置する」というその人のマイナスの習慣が、「掃除をしない」という目に見える形になって表れているのです。

逆にいうと、掃除をしてキレイな部屋を維持できるようになったとしたら、それはその人の**成功と幸せを阻害してきた習慣を手放した**ということ。「先延ばし癖をやめてすぐに行動する」「他人任せにしないで自分で行動する」「わからないことはすぐに調べる」「時間を有効活用できるようにしっかりとタイムマネジメントする」などの新しい良い習慣を身につけたということなのです。

掃除ができるということは、**様々な良い習慣を身につけているという証し**なのです。

そしてそれは部屋を見ると一目瞭然です。

これが「掃除をしたら、なんとなく運が良くなる」というような目に見えない世界の話ではないということなのです。

掃除ができているかどうかというのは、あなたの習慣の集大成です。掃除を今よりも高いレベルでできるようになったとき、必ず今より人生は好転します。

新しい自分になったのですから！

掃除ができない人

- グズ
- 先延ばしにする
- 時間管理ができない
- いつも体がだるい
- わからないことはそのまま放置

日頃から掃除をしている人

- すぐ行動に移す
- 自分のスケジュールを管理している
- いつもワクワクしている
- わからないことはすぐに調べる

04

1枚の写真で、あなたの習慣がわかる

習慣教育を通して、たくさんの部屋の掃除をしてはっきりとわかったことがあります。

それは**「モノが持ち主の生活習慣を語る」**ということです。

私はこれまで夢の実現のサポートのために、汚部屋からキレイな部屋まで、多くの部屋を掃除してきました。今はある程度話をすると、その人の部屋の状況を予想できることがあります。また、部屋に入るとその人の生活習慣が9割以上予想できます。そのため、掃除をしに行く前に部屋の写真を送ってもらうと、たいていのことが予想できてしまうのです。

たとえば、本棚を見るとその人の興味の対象がわかります。マラソンの本ばかりなのか、仕事の本ばかりなのか、コミュニケーションの本ばかりなのか、ダイエットの本ばかりなのか……それが**その人の興味の習慣**なのです。

本棚はわかりやすいですが、他にも、冷蔵庫の中にあるのがミネラルウォーターかコーラかでもその人の健康に対する意識の差がわかります。使いかけの調味料がたくさん出てきたら、「料理が好きな人」「使いきることができない人」「浪費癖のある人」「計画性のない人」などいろいろなことがわかります。

バッグひとつとってみても、「大きめのバッグに整然とモノを入れている人」「大きめのバッグにたくさんモノを詰め込んでいる人」「小さいバッグしか持ち歩かない人」で日々の習慣は違います。

バッグにたくさんのモノをギュウギュウに詰め込んでいる人は、たいてい頭の中もごちゃごちゃです。たくさんのアイデアでいっぱいだともいえるし、頭がいっぱいで行動をやりきれていないともいえます。

逆に、頭の中が整理整頓されている、できるビジネスマンは、やはりバッグの中もスマートなのです。

05

落ち込んだ心には、なぜか掃除が効く

朝「10秒そうじ」をして人生が好転していった人たちの間では、次のような会話がよく繰り広げられます。

「最近、感情が安定しているし、毎日楽しい！　だから部屋がキレイなのかな？　あれ？　それとも部屋をキレイにしたから楽しいのかな？」

「鶏が先なのかな？　卵が先なのかな？」

これは両面あるでしょう。

掃除をし、調子がよくなってきたという面もあります。同時に調子がよくなってきたからますます掃除をしたくなったという面もあります。

ただ、ひとつ言えることがあります。**落ち込んでいるときや、気持ちがふさいでいるときには、掃除から手をつけるといい**ということです。

「心を少し軽くする」というのは難しいことです。

でも、「窓を開けて換気する」「ひとつモノを捨てる」という朝「10秒そうじ」をするのは簡単です。

その小さな行動の積み重ねが、次第に絶好調スパイラルへと自分を連れて行ってくれるのです。

絶好調スパイラル!!

06

「ひとつ捨てる」と、心が「ひとつ軽くなる」

掃除をし、たくさんのゴミを捨てると、心がスッキリする人がほとんどです。ゴミを捨てている最中には、そのモノとの想い出を振り返りながら涙を流す人がたくさんいます。「捨てるのが辛い」と言って泣き出す人にもたくさん出会ってきました。

それでも私たちは、クライアントのカウンセリングをして一緒に明るい未来を夢見たり、現状を打破したい気持ちを大切にしながら、励ましつつ一緒に掃除を進めていきます。

すると、自分の部屋や家からモノが減っていくにつれて、表情が明るくなっていく人が多いのです。

途中では泣いたり、イライラしていた人も、掃除をし終えると、明るいスッキリとした表情になります。


「ゴミの重さは心の重さ」なのです。


ゴミを捨てれば捨てるほど、心は軽くなっていきます。部屋のゴミ、不要なモノ、使っていないモノを**ひとつ捨てると、ひとつ心が軽くなる**のです。

反対に、心が重いときには部屋はますます汚れていきます。そして、心はさらに重くなり、人生がドツボにはまります。

「汚部屋スパイラルはドツボスパイラル」です。

ドツボスパイラルを断ち切るためには、換気をし、ゴミをひとつ捨てることから始めましょう。

07

部屋が片付くと、体が勝手にやせていく

◎汚部屋スパイラルはデブスパイラル

たくさんの部屋の掃除を手伝ったり、カウンセリングをしてきてわかったことがあります。

「汚部屋の住人は太っている」人が多く、「**部屋を片付けるとやせる**」ということです。もしくは、やせていたとしても贅肉が多く不健康な人が多いのです。

もちろん例外はあります。でも、かなり高い割合であることは事実です。私は、実例を山ほど見てきました。

あるテレビの取材で「一緒にゴミ屋敷を掃除してほしい」という依頼がありました。

ディレクターに「どんな家のどんな人ですか？」と聞いたところ「それは見てからのお楽しみ」と言われ、教えてもらえませんでした。

そのときに「きっとその人は太っていて、部屋が汚れ始めてから体重が増えた人ではありませんか？」と私が話したところ、その通りだったので、テレビ局のディレクターもカメラマンもみんなが驚いていました。

でも、これは簡単に予想できることです。

部屋が汚いというのはガサツさや、だらしなさや、ストレスがたまっていること、自分をコントロールできないこと、快・不快センサーが壊れていることなど、いろいろな悪い習慣を表しています。

そのため、掃除をしてこれらの悪い習慣をなくし、良い習慣を手に入れたときに、太っている人の体重が減っていくのは、それほど不思議なことではないのです。

◎片付けたらダイエットできた人が続出！

私の講座で「徹底的に掃除をする」というワークをして、**朝「10秒そうじ」を続けていると、体重が減ったという人が続出**します。

「ムダな食費が減った」「食欲のコントロールができるようになった」「ストレスが減った」「行動的になった」「外食が減った」などなど、いろいろな理由があるのでしょう。現実的に体重が減っていくのです。

あるとき、「掃除とダイエットを同時にやろう」と人を集めて、グループでダイエットに取り組んだことがありました。そのときは、**2カ月間で6人合わせて50キロのダイエットに成功**しました。

これには本当に驚きました。でも同時に「やっぱりな」とも思いました。

掃除というのは良い習慣づくりの王道なのです。

ゴミの重さ＝体の重さ

08

GDP（グズ、デブ、プア）とは無縁の人生

掃除ができない人には太っている人が多い、という話をしましたが、それ以外にも多いのが「大切なことを先延ばししてしまう癖」を持っている人です。一言でいうと、「**グズな人**」です。掃除もいつかやらないと、と思ったままずっとやりません。

もうひとつ、「お金がない」と言っている人も多いのです。これは年収の額にかかわらず、**年収がいくらであっても、お金がない**のです。

部屋が汚いけれど高給取りの人にもたくさん出会ってきました。でも、給料

日前にはいつもお金がないのです。

きっと計画性がなくお金を使ってしまったり、自分の欲求に衝動的であったり、モノをたくさん買うことによって部屋を散らかしてしまうのでしょう。

私たちは、これらの掃除のできない三大人種を「**GDP（グズ、デブ、プア）**」と呼んでいます。

ニュース番組でＧＤＰ（国内総生産）という言葉を聞くたびに、「さあ、帰ったら掃除をしよう。ＧＤＰからは卒業だ」と思います。

じつはこれも習慣教育のノウハウのひとつで、「決まった言葉を聞いたら、掃除をしたくなる」という**脳への刷り込み**なのです。

09

ゴミは「利息がつく前に」片付ける

ゴミ屋敷のゴミには「利息」がつきます。

部屋がキレイな人は、少しゴミが出たぐらいなら、日々捨てて処理していくことができます。ですから、ゴミはたまりません。

しかし、ゴミの量があまりにも増えてしまったゴミ屋敷の住人は、掃除をしようと思っても追いつかなくなっていくのです。ゴミがゴミを呼んで、どんどん膨れ上がっていきます。

借金と一緒で、**ゴミは複利で増えるかのように増加**していきます。汚部屋の住人は、ゴミという借金だらけの部屋で身動きがとれなくなっていきます。ゴミだらけ、借金だらけでまずいと思ってはいるのですが、あまりにも膨れ上がりすぎて、もうどうにもならなくなります。

このような人はなんとかゴミという借金を減らそうとして、掃除の本を買ってきたり、洗剤を買ってきたり、掃除グッズを買ってきたりします。そのため、ゴミ屋敷に行くと、たくさんの掃除グッズや洗剤が出てくるのです。

でも、あまりにも増えすぎてしまったゴミの中では、もはや買ってきた掃除グッズや本を役立てることはできません。そうなると汚い部屋から目を背けて、家にも帰らなくなってしまいます。

10秒そうじをすることによって、少しずつゴミの元本を減らしていけばいいのですが、もうひとりではどうにもならなくなってしまうのです。

このように、ある程度、度が過ぎてしまったときには、自分の力だけでなく**他人の力を借りて、強制的に借金返済をするかのように大掃除する**のがいいでしょう。

外部の業者を使い、ある日1日で一気にキレイにしてしまい、そこから、人生が好転している人も私はたくさん見ています。

10

ゴミは「暴発する前に」片付ける

掃除をやったほうがいいなぁと感じたとき、私はそれを**天の声**だと思うようにしています。

「掃除やったほうがいいんじゃないの？」
「やらなくて大丈夫？」
「なんか汚くなって居心地悪いね」

これらは、モノが語りかけてくるともいえるし、モノの思いを自分がテレパシーで感じて、自分で自分に対して語りかけているともいえるのです。

他人の力を借りた大掃除をしなくて済むように、日頃から朝「10秒そうじ」をしましょう。

掃除をしないことは大きなトラブルの元となります。

ゴミは時限爆弾と一緒です。今すぐ処理をすれば、爆発することはないのですが、このままの状態にしておくといつか必ず、あなたの人生に大きなトラブルを起こします。

仕事なのか、家族のことなのか、健康のことなのか、お金のことなのか、人間関係のことなのかはわかりません。ですが、汚いあなたの部屋をそのままにしておくということは、時限爆弾のタイマーが回り続けているということなのです。

たった10秒の手間を惜しむかどうかで、あなたの人生は大きく変わるということです。

11

「10秒の習慣」で、人生は思い通りになる！

部屋はあなたの習慣を表しています。
習慣はあなたの人生を決定づけます。

あなたの部屋の状態が変わらないということは、あなたの習慣は何も変わっていないということです。
習慣が変わらないのですから、あなたの未来も何も変わりません。だらしない習慣を持っている人は未来もだらしない習慣のまま、今の延長の未来が待っていることでしょう。

グズで先延ばしの習慣の人は未来も変わらず、次第に若いときのようにチャンスが回ってこなくなり、先細りの人生になっていくことでしょう。

輝かしい未来を手に入れたいのであれば、**あなたの習慣を変えること**です。そして、そのために必要なのは、**1日たった10秒の朝そうじだけ**です。

さあ、今すぐ朝「10秒そうじ」を始めましょう!

Column

モノにはすべてに家賃がかかっている

じつは、物置にだって、クローゼットにだって家賃がかかっています。

そこにムダなモノがなくなれば、居住空間として使える部分が増えるし、もしかしたらもう一回り小さい家に引っ越して、安い家賃で同じ生活ができるかもしれません。

あなたが持っている**モノにはすべて家賃が発生**しています。

私は家に置ききれなくなった本を置くためにレンタル倉庫を借りていた時期がありました。畳2畳くらいのスペースを1カ月９４５０円で借りていたのです。そこには大切な資料や本が１０００冊近く保管されていました。

でも、そこの倉庫には6年間で10回くらいしか行ったことがなかったのです。それも資料や本を取りに行くときではなく、家や職場の本を運び込むために行くときだけです。

結局、月9450円を6年間ですから、70万円近く支払って、もう使わないゴミを保管していたのと一緒なのです。たとえ必要な資料や本があったとしても、70万円で購入できないモノなんてあまりないでしょう。その体験から「モノには家賃がかかるのだ」という思いを強く持つようになりました。

また、私は会社経営をしているのですが、経営状態が思わしくない時期がありました。従業員を解雇したり、給与を減らすことはしたくありません。

私は、社員とともに大掃除をすることにしました。

その結果、大量のモノを捨て、倉庫代わりになっていた不動産を返却することができました。するとそこを管理するために払っていたお金も必要がなくなり、**結果的に毎月70万円もの固定費が削減された**のです。

70万円の利益を出そうとしたら、この会社の場合は700万円は売り上げを毎月増やさなければなりませんでした。

掃除をするだけで利益が増えた嬉しい想い出です。

2
章

部屋を見れば、あなたの「頭の中」がわかる

あなたの部屋の状態は、「頭の中」の状態を表します。

そして、部屋の場所と能力には相関関係があります。

仕事、お金、健康……それらに関する場所を掃除することで、あなたが望む結果が得られるのです！

01

部屋はあなたの「脳の状態」を表している

あなたの頭の中の状態は、部屋の状態として表れます。

たとえば、イライラしているときは部屋も荒れていた、あるいは、デスクを片付けたら仕事が順調に進んだ、という経験はありませんか?

頭の中の**右脳と左脳は、部屋の状態とリンクしている**のです。

私は部屋の状態のことを「**外脳**《そとのう》」と呼んでいます。

- 頭の中が混乱しているとき、外脳(部屋)も混乱していきます。
- 頭の中がいっぱいいっぱいのとき、外脳(部屋)もモノがあふれていきます。

- 頭の中がスッキリしているとき、外脳（部屋）もスッキリしています。
- 頭の中が整頓されているとき、外脳（部屋）も整頓されています。

頭の中の状態と、外脳（部屋）の状態には相関関係があるのです。

頭の中が混乱しているとき

→外脳（部屋）も混乱…

頭の中が整頓されているとき

→外脳（部屋）もスッキリ!

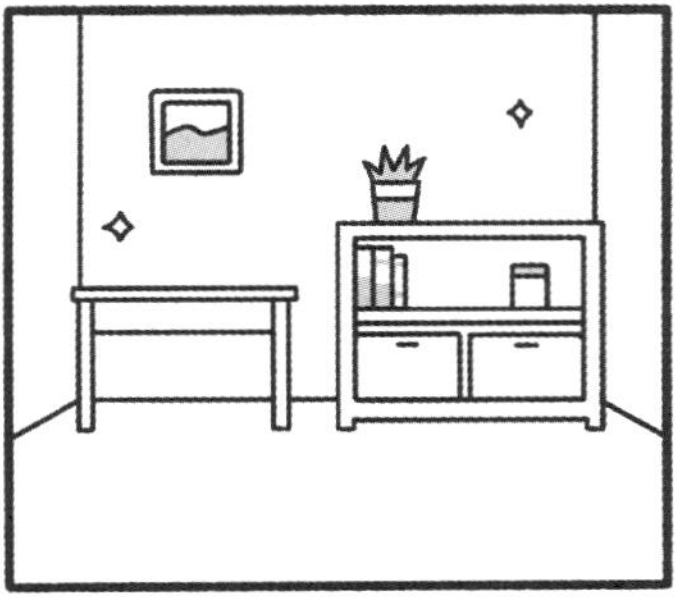

02

「部屋がスッキリ」＝「頭がスッキリ」

頭の中の状態を変えようとして、イメージトレーニングをたくさんしても、簡単には変わりません。長年かけて築き上げてきた「習慣」だからです。

ネガティブな人や不幸体質の人が、頭の中のイメージだけで自分の習慣を変えようと思っても、なかなか変えられないのです。

では、どうすればいいでしょうか？

そんなときこそ、**外脳（部屋）から操作して、右脳と左脳の習慣を変えていけばいい**のです。

右脳、左脳と外脳はリンクしています。ですから、外脳を変えれば、右脳と左脳も自然と変わっていきます。

頭の中の感性や理性や知性を変えるのは簡単ではありませんが、行動を通して部屋の状態を変えるのは簡単です。そして、**部屋の状態が変われば頭の中の状態も変わっていく**のです。

- 外脳（部屋）の中から10個のゴミを捨てれば、頭の中から10個の不要なモノが消えます。
- 外脳（部屋）を換気すれば、頭の中にも気持ちのいい風が吹き込みます。
- 外脳（部屋）を整頓すれば、頭の中も整頓されてゆきます。

外脳はさらに細かく分類できる

あなたの脳の状態が外脳に表れると書きましたが、じつは外脳はもっと細かく分類することができます。

それを、次から説明していきましょう。

03

デスクを見れば「仕事の能力」がわかる

あなたが仕事をするデスクの上はキレイに整えられていますか？

デスクの上の状態はあなたの仕事脳を表しています。

デスクの上が混乱しているとき、たいてい仕事ははかどりません。たくさんの仕事をしていても、ムダが多く、心の平安はありません。いつも探し物をしていたり、仕事が後手に回ったり、モノをなくしたり、忘れ物をしたり……。そういった中で「いつも仕事に追われている」のです。

朝「10秒そうじ」を続け、デスクがキレイになっていくと「仕事を追う」ようになります。机がキレイになれば生産性が高まるだけでなく、仕事の質が高まるのです。

朝「10秒そうじ」を続けることによって、営業成績が日本一になった人もいます。

デスクが片付いている人は、意思決定や仕事の処理速度が速く、ミスも少なく仕事が丁寧です。周囲への気配りも忘れません。心に余裕があります。そのため、仕事をすばやく切り上げることもでき、プライベートも充実します。

デスクが片付いている人は仕事ができる人なのです。

デスクが散らかっている人は、ミスも多く、効率も悪く、探し物や迷っている時間がたくさんあります。クレームやトラブルの対応に追われることも多く、仕事はつねに後手に回ります。周囲からも仕事ぶりを心配されがちです。

デスクが散らかっている人は仕事ができない人なのです。

今日、この瞬間から机の上のモノを少しずつ片付け、キレイな職場環境をつくっていくことが、仕事ができる人間になる秘訣なのです。

04

財布を見れば「金運」がわかる

これまで掃除の指導をしながら、たくさんの人の財布を見てきました。そのうちに、そこには一定の傾向があることがハッキリとわかってきました。

収入の多い少ないにかかわらず、お財布の中が汚い人というのは、ムダ遣いが多く、なかなか貯金ができないのです。

財布はお金に対する潜在意識が表れる外脳だったのです。

- たくさんのカードがあふれている。
- たくさんの会員証があふれている。

・たくさんの割引券があふれている。
・たくさんの領収書があふれている。

こういった財布の持ち主はつねに「もっとたくさんのカードが入る財布はないかな」と探しています。そしてブタのように膨らんだブタ財布を持ち歩いています。期限が切れた割引券や1カ月に一度も使わないような会員証を毎日毎日持ち歩いているのです。そして割引券を使わないと損だ、と思ってムダ遣いを繰り返すのです。

05

「キッチン、風呂、寝室」が汚れたら要注意

◎キッチンは健康脳を表す

健康な状態というのは、良質な食事、運動、入浴、睡眠を取ることで手に入れることができます。

良質な食事や栄養に関わるキッチンが汚い家だと、自炊をする気も起きません。料理をする楽しさも感じられません。そういう家は部屋にレトルト食品、カップ麺、コンビニの弁当、サプリメントなどがあふれています。

キッチンをキレイに掃除すると「うわ〜、料理をつくりたくなってきた！」とみなさんが言います。

キッチンをキレイにし、キッチンに立つのが楽しくなる環境をつくるだけで、良質な栄養摂取ができるようになり、健康になっていくのです。

風呂は健康脳を表す

風呂はゆっくりとお湯につかり、心身の疲れをとる空間です。

風呂場が汚いと入浴中にホッとすることができなくなります。癒やしの空間である風呂が単なる髪や顔を洗い流すだけの「シャワーの出る場所」にしかなりません。排水溝の毛髪などのゴミを取り、風呂桶を毎日拭き、カビの生えない風呂をつくり上げると、そこは単なる体を洗う空間から、心身を癒やす空間になっていきます。

風呂場というのは、**健康に対する意識が表れる空間**なのです。

寝室は健康脳を表す

今、寝室はどのような状態になっていますか？　寝ることに集中できる環境ですか？　体力を回復することに集中できる環境ですか？

寝室は文字通り、寝る部屋です。しかし、いろいろな家に行くと、ベッドの周辺にたくさんの本や雑誌が積み重ねられていたり、圧迫感があるほどたくさんの洋服がベッドの際まであったり、携帯の充電器が光っていたり……と良質の睡眠を取ることを邪魔するような環境になっています。

自分にとって最高の睡眠を確保するための灯りはどのくらいなのかを考えてみましょう。真っ暗が好きな人もいるでしょう。豆電球がついた薄明るい状態が好きな人もいるでしょう。

寝ることに専念しようと思ったら、本や音楽を近くに置かないほうがいいという人もいることでしょう。ベッドの周辺が散らかっていると、無意識に心身は緊張し、疲れは取れません。

また、シーツや枕カバーが汚れていると、気持ちのいい睡眠は取れないため、熟睡ができません。

「気持ちのいい睡眠が取れたらいいな。もっと深い睡眠を取りたいな」と誰もが思っているのですが、日頃の忙しさにかまけてベッド周りや寝室を掃除する時間が取れていないのです。

寝室は**睡眠や疲れを取ることに対する意識**を表しています。つまり、寝室は健康脳を表しているのです。

疲れがたまってきているときほど、寝室をキレイに掃除し、最高の睡眠を取るようにしてみましょう。

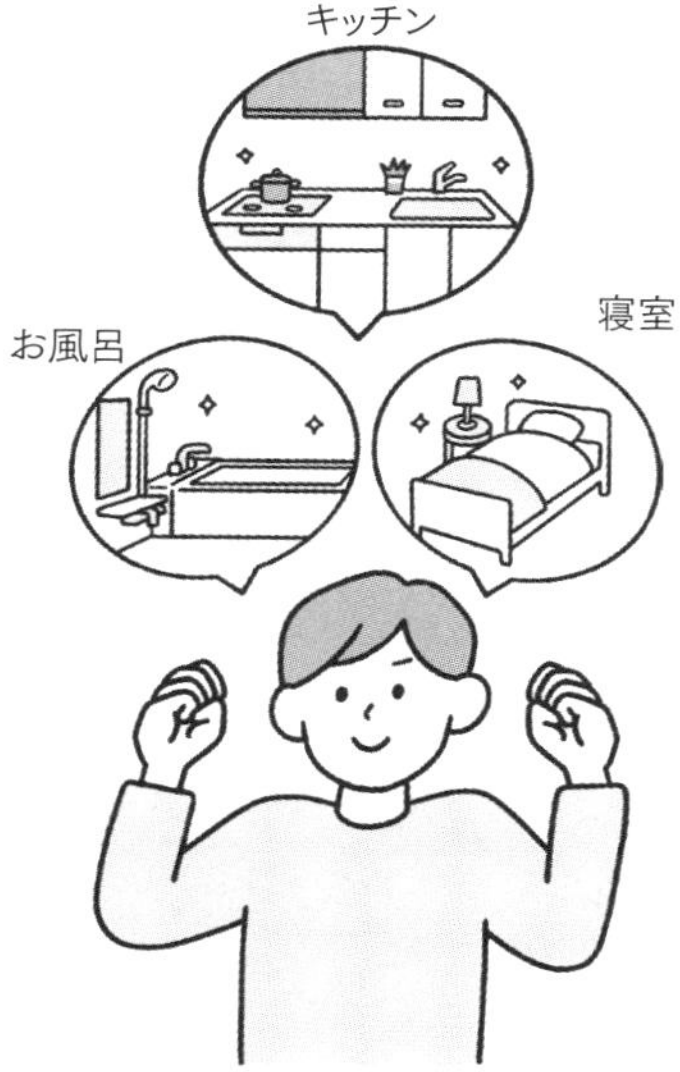

06

勉強ができる子の机は、例外なくキレイ？

私は今までに数千人の子どもたちの勉強を見てきました。不登校の子もいれば、全国模試で日本一になった子も8人見てきました。算数オリンピックで銅メダルになった子もいます。

いろいろな子を見てきて思うことは、**「天才とは集中力を持った子である」**ということ。

そこで「どうやったら勉強に集中できるか」と考えました。答えは簡単です。集中力をそいでしまうようなモノを視界から消すのです。

勉強机に向かったとき、机の上にモノが積み重ねられていたら勉強ができません。それらを避けて狭い空間で勉強しようとしても、机の上を機能的に使うことができません。机の上に捨ててもいいようなゴミがたくさんあっても集中できません。

また机の上にマンガ、ゲーム、アイドルのポスター、携帯電話があると、どうしてもそちらに興味と関心が移ってしまいます。集中力をそいでしまうのです。

これらに打ち勝って勉強に集中するためには、強固な意志と根性が必要になってしまいます。

もし、強固な意志や根性なくして集中したいのであれば、簡単です。机の前に座ったときの視界に、**勉強に関係ないモノは置かなければいい**のです。そうすれば、モノがあなたに「遊ぼうよ」「僕に気付いてよ」と語りかけてくることがなくなります。

このように、学習机は勉強脳を表しているのです。

07

「換気」と「トイレそうじ」が開運のコツ

私は運とかツキというものは「錯覚」「妄想」だと思っています。

習慣教育の指導を経営者、ビジネスマン、スポーツ選手、受験生などにするときに運やツキの大切さを説きますが、そこには実体はなく、主観で思い込んでいるだけのものだと考えているからです。

プラス思考の人はどんなにプラスのことが起きても、どんなにマイナスのことが起きても「**ツイてる！**」と感じます。

逆にマイナス思考の人は、どんなにいいことが起きても「ツイてないなぁ」と感じてしまいます。自分にツキがあると感じているか、感じていないか、というのが、その人がプラス思考かマイナス思考かの分かれ目なのです。

そして「自分はツイてる！」「運がある！」「プラス思考だ！」と感じている人は行動的になります。たくさんの行動をするのですから、当然たくさんの結果を生み出します。失敗をすることも当然ありますが、それでもプラス思考ですからすぐに克服し、いい結果を生み出します。

この**プラス思考になる秘訣が、じつは換気とトイレ掃除**なのです。

◎窓を開けることは開運脳を刺激する

汚部屋の住人というのは「窓を開けて換気する習慣」がまるでありません。換気をしないので部屋の中は息苦しく、重い空気が漂っています。その場にいるだけで疲れてしまうような空気なのです。

掃除をするために私たちが窓を開けようとすると「窓を開けないで！」と言います。「虫が入ってきてしまうから」「外の匂いが嫌だから」という理由をよく言われます。「汚い部屋を外から見られたくない」という思いもあるのでしょう。

どんな理由があるにせよ、換気をしていない部屋というのは人のやる気をそぎます。あらゆることのモチベーションを奪い去ります。窓を開けないという小さな習慣によって、やる気がそがれ、次第に部屋が汚くなり、さらに窓を開けられない状態になっていってしまうのです。

私はこれらの経験から**「掃除で何よりも一番大切なのは毎日、窓を開けて換気することだ」**と心から思います。

窓を開けて換気することでいい風の流れをつくり、「気持ちいい！」という情報を脳に与えることができます。そこに理性的な判断はありません。「気持ちいい！」という感性は、理性を上回るのです。

◎ トイレを掃除するとプラス思考になる

トイレでも同じようなことが言えます。

みなさんは毎日、数回、トイレに入ることでしょう。そこで無意識に「臭い！」「汚い！」と不快な感情を持っていると、それは理性的な判断をする間もなく、脳の深いところに**「不快な感情」を蓄積していく**ことになります。この不快な感情の蓄積がマイナス思考につながっていくのです。

トイレというのは家の中で一番、汚物が集まるところです。そして掃除をしないと臭うところでもあります。ここを掃除し、キレイな水の流れをつくることが大切なのです。

空気と水の流れがいい中にいると、気持ちがよくなり、脳もよい錯覚、妄想をすることができるようになります。


人間が息を止めて、水を飲むこともできなかったら、息苦しくてたまりません。家も一緒なのです。

換気して呼吸をし、血液や水分を循環してあげるようにすると健康的な場になっていくのです。

あなたが換気をして、トイレを掃除することによって、健康的な深い呼吸を取り戻し、**脳が心地よさを感じられる**ようになります。そして、プラス思考になり、行動的になっていけるのです。

08

クローゼットは「7〜8割の収納」がベスト

洋服が大好きな人がいます。特に、陽気興奮散らかしタイプの人はたくさんの服を持っています。

でも、たくさんの服を持っているということは、じつは**ひとつひとつの服とはしっかりと対話をしていない**ということなのです。

「高かったから捨てられない」「ブランド品だから捨てるのはもったいない」「流行におくれないようについ買ってしまった」という服がクローゼットの中にあふれている人によく出会います。

こういった人はクローゼットの中に、2年以上着ていないような服を山ほど大切に保管し続けています。

クローゼットはもう着ない服であふれているので、洋服の置き場に困り、新しい洋服をかけるハンガーラックなどを買ってきます。そして、クローゼットの前に置いてしまいます。そこにまた、たくさんの服をかけるので、もうクローゼットの扉を開き、中を見ることはできなくなってしまいます。こうして、さらに**「もう着ないゴミ」であふれていく**のです。

また、クローゼットの中身はパンパンになるまで服を詰め込んでいますので、服を探すにも一苦労です。

掃除をして服を整理すると、結局、よく着る服というのは1シーズンでも数着しか持っていないことに気付くはずです。

クローゼットというのは**余裕を持って7割から8割の収納**に収まっているくらいがいいでしょう。それ以上、パンパンになってしまっているときというのは、オシャレ脳が鈍感になってしまっているときなのです。

09

リビングが汚れると、家族仲が悪くなる⁉

リビングは「家族脳」を表します。リビングというのは家族が集まり、団欒するところです。もしリビングが汚いと、そこは居心地が悪いため、家族が集まっていても笑顔が減っていきます。

実際に、私が今までにお邪魔した家で**リビングが汚い家は、夫婦仲が悪かったり親子の仲が悪い家庭が多かった**のです。

子どもも掃除をできない親をバカにしています。掃除ができない親は子どもから尊敬されることはありません。

リビングが汚いと居心地が悪いため、家族はみんなそれぞれ自分の部屋にこもるようになっていきます。リビングに集まることがなくなり、ご飯を食べたらそれぞれが自分の部屋に帰ってしまうのです。そして会話がなくなっていきます。

さらにもし、自分の部屋も汚くなっていくと、自分の部屋も居心地が悪くなり、街に出るようになってしまいます。そして街も居心地が悪かったら、自分の街を捨てるようになってしまいます。

自分の家が汚かったら、お金さえあれば自分の家を捨ててしまいます。
自分の街が汚かったら、お金さえあれば自分の街を捨ててしまいます。
自分の国が汚かったら、お金さえあれば自分の国を捨ててしまいます。

こういうことが起きてしまうのです。愛着のある家、街、国をつくるためにもキレイな環境づくりをしないといけないのです。

そして何よりも大切なのが、一番小さな集団である「**家族**」**を円満にするためにリビングをキレイにすること**なのです。

10

本棚にはあなたの「向上心」が表れる

本棚を見ると、その人の興味や関心事が一目瞭然です。またその人の克服することができていない課題が山積みだともいえるでしょう。

「どんな知識を得たいのか」という**知的欲求脳が本棚に表れている**のです。

人はすでに克服できた問題に関しては興味がなくなります。

自転車に乗れるようになった人にとって「自転車の乗り方」について書かれた本はまるで興味がないことでしょう。大学受験生にとって中学校のときの英語の教科書はまるで意味をなさないことでしょう。やせている人にとってダイエットの指南本は不要でしょう。

本棚に「プラス思考になるには」「目標達成するには」「お金を儲ける方法」「異性の心をつかむ本」「コミュニケーションの方法」などの本がたくさん並んでいる人は、それぞれが自らの課題であり、現在、興味を持っているということの表れなのです。

それらのことにはまったく興味がなく、山登りの本やサーフィンの本が並んでいる人もいることでしょう。好きなアイドルの本しかない人もいることでしょう。そもそも本がまったくない人もいることでしょう。

本棚というのはあなたの頭の中で「手にしたい」という知的欲求が一目瞭然にわかる場所なのです。

しかし、習慣教育の視点から言うと、本というのは読んだだけではまったく意味をなしません。読んで行動をして自己変革をしない限り、何も現実は変わりません。たくさん行動し、成長し、本棚の本が減っていくというのが健全な成長なのです。

たくさんの行動ができる自分になるためにも掃除の習慣を手にしなければなりません。そしてつねに、新たな課題が本棚に収まっていくのが理想でしょう。

3章

だから「10秒そうじ」は人生を劇的に変える

朝「10秒そうじ」は、誰もが、気軽にできる新しい掃除術です。

たった10秒で、部屋がキレイになるのはもちろん、精神面、肉体面などにも、驚くほどの効果が得られます。

すでに多くの人たちが朝「10秒そうじ」を実践し、人生を変えています。

01

どんなに忙しい人でも「朝10秒」ならできる

私のクライアントには忙しい方がたくさんいます。どの人も「掃除の大切さ」を頭では理解しています。本人たちも、実際に掃除をしたいとも思っています。ですが、急な予定変更が入ったりする中で、**なかなか掃除の時間を確保することができない人**がほとんどです。

そのような人たちから「どうしても掃除の時間を確保することができない」という相談を続けざまに受けた時期がありました。

そのとき、「どんなに忙しくても1分くらいなら時間を取ることができるでしょう。みんなで一緒に1分でできる掃除を考えてみましょう」というワークをしたことがありました。

ところが、そのワークからしばらくしたときのことです。私自身が激務で、大げさではなく、1日に1分の時間もつくり出すことが難しいくらいに、出張や会議が朝から夜中まで連日連夜続いた時期がありました。

そのときは、たった1分の掃除さえ、面倒でやる気が起こらなかったのです。「1分あるのならメールの返信をしたい」「1分あるのなら眠りたい」と思うくらい忙しい日々でした。

忙しいから仕方ないといえば仕方ないのですが、掃除をしないのですから部屋はまた散らかっていきました。散らかり始めた部屋を見て呆然としました。「あぁ。また散らかってしまった。1分では辛いから10秒でいいから掃除をしよう」と決めた瞬間でした。これ以上ないような忙しい時期に生まれた10秒そうじですので、誰もが実践できるものだと確信しています。

どんなに忙しい人でも、10秒の時間なら確保することができます。総理大臣であっても、売れっ子の芸能人であっても、同じです。

10秒の時間を確保することができない人は日本中にいないのです。

02

すべての掃除は「10秒そうじの組み合わせ」

「10秒でもいいから掃除をしよう」と決めてから、いろいろなことに気付くことができました。すべての掃除の行動は、

「窓を開ける」
「モノを捨てる」
「はたく」
「掃く」
「拭く」

など、10秒でできることの組み合わせでなりたっていたのです。

また、**「10秒でいい」**と思ってから「掃除を毎日必ず続けること」ができるようになりました。

そして驚いたことに「10秒だけでいいんだ」と思うようになったら、掃除という苦手な行動に対しての初動をとることが苦にならなくなり、結果的に掃除をする時間が増えていったのです！

03

「心のストレスがゼロ」だからラクちん

私は習慣づくりということを専門でやってきて、「良い習慣づくりには、はじめに心の負荷がかからないことが大事」と考えるようになりました。

手に入れたい習慣が30分、1時間とかかるものだと初動に対する心の負荷が重く、せっかくのやる気もスタートからの数日しか持ちません。たったの1分ですら本当に疲れているときや、時間がないときには、精神的に重いと感じてしまいます。

でも10秒だったら、ほとんど**心のストレスがゼロでできてしまう**のです。

「窓を開けて換気しよう」
「机の上のモノを何かひとつ捨てよう」

それだけでもいいのです。
「なんでもいいから、10秒だけでいいから掃除をし続けよう」と行動をし始めた瞬間、私にも、クライアントにも、受講生にも、**劇的な変化**が起こり始めたのです。

全員が今まで以上に、毎日楽しく掃除をするようになりました。
「毎日30分掃除しよう」と言っていたときには、人によっては、何かと理由をつけてやらない日がありました。

でも、朝「10秒そうじ」を推奨するようになってからは、誰もが毎日やるようになったのです。

04

朝・昼・晩……1日3回でも簡単にできる

習慣教育では、無意識にやってしまっている悪い習慣を、良い習慣に変えていきます。

習慣を変えることとは、まずは無意識にやってしまっていた悪い行動を、しっかりと「意識する」ところから始まります。そして無意識に行動していた悪習慣を意識して、良い行動を何度も反復していきます。

朝「10秒そうじ」はたったの10秒ですので、人によっては1日に何回も反復することができるでしょう。

ぜひ、あなたも思い出すたびにやってみてください。

1日に3回も5回も10回も思い出して掃除をしていると習慣になりやすく、そのうちに、本当に掃除が好きになっていくはずです。

1回の動作は10秒であっても、何度も繰り返すことによって、あなたは新しい習慣と人生を手に入れるのです。

10秒そうじは楽で、手軽で、簡単なのですが、その効果は絶大なのです。

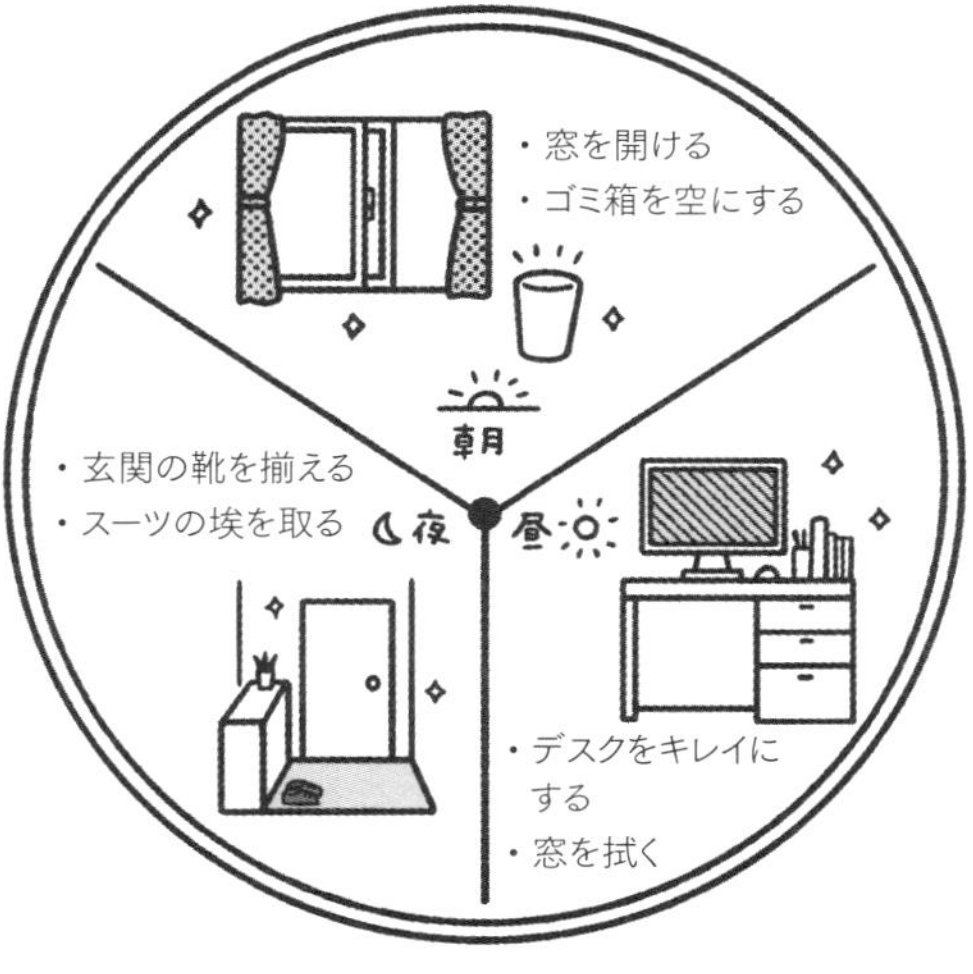

05

朝「10秒そうじ」の効能は、はかりしれない！

掃除を続けていると様々な効果を実感していきます。クライアントの声を分類すると次の４つの効果に大別できます。

「精神的効果」……気持ちがスッキリする、ストレスが減る、心が安定する、イライラしなくなる、人に優しくなれる、など。

「肉体的効果」……体重が減る、埃アレルギーが出なくなる、深い睡眠を取れるようになる、など。

「時間的効果」……時間が増えた感覚を覚える、集中できる時間が増える、時間の有効活用ができる、探し物の時間が減る、など。

「経済的効果」……ムダ遣いが減る、不動産費用が減る、不要なモノを売って
お小遣いが増える、など。

掃除を続けているとこれらの効果をみなさんが感じられるのですから、やらない理由がありません。たった10秒でいいので続けて実践してみましょう。

❶ 精神的効果

❷ 肉体的効果

❸ 時間的効果

❹ 経済的効果

06

「イライラ、クヨクヨ」もたった10秒でリセット

「クリアリング」というのは私たちが経営者、ビジネスマン、スポーツ選手によく使う言葉です。失敗したときや、クヨクヨしてしまっているとき、イライラ興奮しているときなど、脳の中が余計な感情に支配されているときに、その感情や思考を削除してリセットすることをクリアリングと呼んでいます。

経営者が1カ月クヨクヨしていたら会社は傾いてしまいます。1日でも早く健全なメンタルを復活させることが必要です。

スポーツ選手ならもっと大変です。「やばい。ミスしてしまった。負けるかも、自分はダメだ」ということを試合中に感じたとします。それをクリアリン

グできるのに1日かかってしまったら、すでにゲームオーバーです。だから、一瞬で自分の頭の中をクリアリングするということが大事なのです。

私は、どうやって頭の中をクリアリングして、つねに絶好調の自分でいるかということを研究した時期があります。その結果、掃除というのは、**部屋を片付けた瞬間、自分の脳内がクリアになる魔法の方法**だと気付きました。

人間の脳と、部屋の状態である外脳（部屋）は連動していますから、外脳をキレイにすると自然と脳内もクリアになっていきます。頭の中身を変えるのは難しいからこそ、外脳を操作することで、本当の右脳左脳の中身も入れ替えてしまうといいのです。

外脳のモノをひとつ捨てれば、ひとつ脳内がキレイになります。パッと窓を開けて10秒換気すると、実際に頭の中も風が流れるようにいい気持ちになります。**たった10秒で脳のクリアリングができる**のです。

みなさんの心の状態は部屋に表れます。ですから過去の失敗や後悔から立ち直りたいのでしたら、部屋を掃除し、クリアリングすることが大切なのです。

07

最後は「散らかさない自分」を目指そう

10秒そうじには、以下のような3段階があると考えています。

第1段階　手術（緊急オペ）としての10秒そうじ。
第2段階　対症療法としての10秒そうじ。
第3段階　予防治療としての10秒そうじ。

◎第1段階　手術（緊急オペ）としての10秒そうじ

第1段階の「手術（緊急オペ）としての10秒そうじ」というのは、自分ひとりではどうにもならないというくらいの汚部屋の段階です。こういう人は汚くなりすぎて、どこから手をつけたらいいかわかりません。掃除をし始めてもなかなかはかどらずに、途中で挫折してしまいます。

掃除は一度徹底的にやってしまうと、その後の維持は簡単になります。ですから、「自分ひとりではいつまでたってもキレイにならない」と思ったときには勇気を出して、友達や掃除の業者に電話をすることです。

「10秒でまずは電話しよう」がこの段階の人におすすめすることです。この状態の人は電話で助けを呼ぶべきなのです。

きっと恥ずかしいことでしょう。誰にも知られたくないでしょう。情けないと感じることでしょう。

でも、勇気を出して自己開示してみてください。部屋の汚れをそのままにしておくということは、**毎日、自分の頭の中を混乱させ続けているということ**なのです。そしてそれは何年にもわたって続きます。

自分でどうにもならない人が、いつか片付けようとか、いつかこれを友達にあげようとか言っている限り、ずっと片付きません。50年間片付けられなかった人が片付けられるようになった例もありますが、その人も一番はじめは外部の力を借りて掃除をしました。

まず、掃除をやり続けられる環境をつくるためにもひとりで悩まず、電話をしましょう。その瞬間、人生は変わり始めます。

電話する先は友達か、私たちのようなプロのところでも構いません。とにかく、自分ひとりでなんとかしようと考え、悩み続けるのはもうやめましょう。勇気を出して、恥ずかしいのを乗り越えて、誰かと一緒に掃除をしてしまいましょう。外部の人にお願いするとお金はかかりますが、ゴミ屋敷であっても、1日でたいていはキレイになります。すると**「その日」から快適な日々が始まる**のです。

自分ひとりでやろうと思っていたらきっと5年後も同じ状態の中でもがき苦しんでいることでしょう。そしてムダに5年を過ごしたことを後悔するでしょう。これから5年間のたくさんのチャンスも失ってしまいます。年も取ってしまいます。

ですから、第1の段階というのは「勇気を出して友達か業者に電話する」という覚悟を決める10秒なのです。その日から最高の日々が始まり、新しい人生が始まるのです。

◎第2段階　対症療法としての10秒そうじ

第2の段階は「対症療法としての10秒そうじ」です。

この段階はゴミ屋敷や汚部屋というほどではないけれど、部屋の中が日々、散らかっていると感じている状態です。この本の読者もこの段階の人が一番多いのかもしれません。

この段階の人ははじめの1カ月くらいは掃除がどんどん楽しくなっていきます。本気で掃除に取り組むと決めると、たくさんモノを捨てることになるので、明らかに**部屋が広く、明るくなっていく**からです。

そしてその次に、自分の使い勝手がいいように機能的に部屋を改造していく

「整頓」の段階があります。

この時期が「汚い状態を掃除する」という対症療法の段階なのです。

◎第3段階　予防治療としての10秒そうじ

第3の段階は予防治療の段階です。この頃になると部屋はあまり散らからなくなっています。

部屋が汚かった段階では、汚れていることにも気付けない状態だったのですが、この段階になると少し散らかっただけでも違和感を覚えるようになってきます。ですから、この段階では、ハタキをかける、ちょっと拭く、フローリングワイパーで磨くなどの掃除が必要になっていくのです。それは、散らかったから掃除するのではなく、**「キレイを維持する」自分になるための掃除術**です。

一番の理想は「病気を治すこと」ではなくて「病気にならないこと」です。

毎日、部屋を片付けるよりも、散らかさない自分になることが大切なのです。

第１段階　手術としての10秒そうじ

第２段階　対症療法としての10秒そうじ

第３段階　予防治療としての10秒そうじ

08

「いい習慣」は人に伝染する

朝「10秒そうじ」は伝染します。

朝「10秒そうじ」をし始めると、不思議なことに、ものすごい感染力を持って周りの人に伝わっていきます。

朝「10秒そうじ」に取り組んでいる人はだんだん表情も姿勢も声も、明らかに見てわかるくらい、**生き生きとして充実した感じに変わっていく**のです。そのため、周りの人にうらやましがられたり、「なんか最近あの人変わったな、なんでだろう?」と思われるようになります。

そして、家でも職場でも学校でも机の上がつねに片付いているようになると、掃除の効果を他の人も認めるようになっていくのです。

　何よりも朝「10秒そうじ」を続けている本人が、「自分が変われた！」と興奮して周りの人にしゃべりたくなってしまいます。そうすることによって、さらに爆発的に、朝「10秒そうじ」は周囲に感染してゆくのです。

　朝「10秒そうじ」に取り組む人が増えると、それだけキレイになる場所が全国に増えていき、いい世の中になっていくでしょう。

09

人生を変える秘訣は「今すぐやる」こと

朝「10秒そうじ」のコツは、今日から始めることです。

今すぐに体を動かして始めるのです。

私は、今までにいろんな人の習慣づくりをサポートしてきましたが、「セミナーに参加していい話を聞いた」「本を読んでいい話を知った」で終わってしまい、実際には何も変わらない毎日を続けてしまう人にも会ってきました。

そのような人たちと、実際に人生を変えていった人たちとの差というのは何かというと、「行動の差」です。もっとはっきり言うと、「**その日に知ったことをその日にやるかどうか**」の差なのです。今度の週末からやろうとか思っていると、週末になる頃には忘れてしまっています。

朝「10秒そうじ」のいいところは、まさにこの瞬間に本書を置いて、「今、モノを1個捨てる」「今、換気する」ことができるところなのです。たった10秒ですから。

だから、みなさんに提案します。


この章を読み終えたら、まずは10秒、掃除をしてみましょう。

窓を開けて換気してみましょう。

部屋の中のいらないモノをひとつ捨ててみましょう。

いつかやろう、というグズな先延ばしの性格を今すぐ退治しましょう。

今日からやれば今日から変わることができます。

今日やったら、明日もやってみてください。

今日と明日やった人はきっと3日後もやります。

そして1週間後もやります。

「今日やった人」は今日から人生が変わるのです。

本を読むだけではなく、ぜひ行動してみてください。
まずは10秒で結構ですので！

次の章では、朝「10秒そうじ」のゴールデンルールを説明しています。たった5つだけですので、すぐに読めます。それを読んで、今日から掃除を始めてみましょう。変わることができる人、できない人の差というのは「今日やるかどうか」なのです。

まず、窓を開けて換気してみましょう!!

4章

「10秒そうじ」のゴールデンルール

さっそく、朝「10秒そうじ」を始めましょう!
たった10秒の行動で、あなたの人生は変わります。
1日10秒、気楽に、楽しみながら、
一緒に取り組みましょう!

01

朝「10秒そうじ」5つの基本

朝「10秒そうじ」の基本行動は、次の5つだけです。

「窓を開けて換気する」
「捨てる」
「埃をとる（ハタキではたく、掃除機をかける）」
「磨く」
「モノの位置を直す」

すべての掃除はこれらの行動の組み合わせなのです。何日もかけてやる大掃除であってもこの5つの行動の組み合わせです。

朝「10秒そうじ」は「掃除を習慣化させる」ために開発したものですので、あまり気持ちの負担にならないように、**「毎日10秒でいいから続ける」**ということを目的にスタートしてみてください。

窓を開けて換気すれば○Kです！
不要なモノを手に取って、ゴミ箱に捨てれば○Kです！
テレビのCMの間にハタキではたけば○Kです！
机の上をちょっと拭けば○Kです！
倒れていた本を垂直に直せば○Kです！

これくらい気楽にスタートしましょう！

02 「家の中を1グラムでも軽くする」イメージ

具体的な朝「10秒そうじ」のやり方についてお伝えする前に、みなさんにお伝えしたいことがあります。

朝「10秒そうじ」は毎日続けましょう。

普通の掃除と違って、朝「10秒そうじ」は楽で楽しく、手軽で簡単です。習慣教育のメソッドを使い、「どうやったら継続することができるか」という観点から生まれた朝「10秒そうじ」だからこそ、「毎日続けるぞ」とはじめに決意をしてほしいのです。

どんなに忙しくても、どんなに疲れていても、たった10秒なら自分でもできる、と思い込んで続けてほしいのです。

たった10秒の掃除であっても、2週間続いたとなれば、きっとあなたは自分のことを好きになります。

ですから、まずは朝「10秒そうじ」を1週間続けてみましょう。

朝「10秒そうじ」を始めるときは、**「毎日、家の中を1グラムでもいいから軽くするぞ」**というイメージでスタートしましょう。

始めようと思ったとき、きっとあなたの部屋には様々なモノがあふれていることでしょう。

それを、毎日ひとつかふたつでいいのでモノをゴミ箱に捨てるところからスタートするのです。

03
そうじは「朝一番」がおすすめ

◎「早起き」と「掃除」の習慣は同時に手に入れられる

掃除は朝でも夜でもきっとできることでしょう。それでも私は朝そうじをすすめています。理由は**「早起き」と「掃除」はセットで手に入る相性のいい習慣**だからです。

今まで早起きができなかった人も、掃除ができなかった人も「早起きと掃除をセットで行う」ことを意識するようになると、相乗効果で一度に両方の習慣が手に入るのです。

掃除というプラスの行動を起床してからすぐに行うため、目覚めがよくなり早起きが楽しくなっていきます。
そうなると、朝が清々しく、気持ちいい時間になっていきます。

朝そうじは習慣になりやすい

また、社会人になると夜というのは予定が入りやすいものです。

残業で遅くなることもあれば、見たいテレビがある日もあることでしょう。

飲み会のお誘いを受けたりすると、帰宅時間も日々変わってしまいますし、お酒が入っていると帰宅してからすぐに寝てしまい、掃除が習慣化されにくいのです。

朝であれば、毎日同じ時間に起床できますし、外部の影響を受けることが少ないため、朝に10秒そうじをすることをおすすめします。

04

そうじの前に「部屋の写真」を撮ろう

まずは自分の部屋の写真を撮りましょう。

汚くてもいいのです。汚いほうが楽しい想い出写真になります。

掃除を進めていくと以前の汚かった状態を忘れてしまいます。とてもいいことなのですが、写真を撮っておくと**日々、達成感、変化、成長を感じる**ことができます。そしてそれらがさらなる原動力となり、掃除が加速していくのです。

ぜひ今、本書を横に置き、部屋の状態を写真に撮ってみてください。

日々の掃除でも行う前に「今日、掃除をする場所」というのを写真に収めてもらいたいのです。部屋の中の雑誌を捨てる前に、雑誌が置いてあったところを「カシャッ」と、携帯で構いませんので写真に撮ってください。そして写真を撮ってから雑誌を捨てるのです。すると、たった1冊の本がなくなっただけでも、たった1本の空き缶がなくなっただけでも、空間が広がった気持ちを味わえることでしょう。

朝「10秒そうじ」を楽しくやる秘訣は**毎日、写真を撮る**ことなのです。

今はその写真を人に見せることができなくても、「じつは以前はこんなに汚かったんだよ」と笑って人に見せられる日がくるかもしれません。

05

まずは「捨てる」ことから

部屋が汚れてしまう、部屋が散らかってしまう、という人の一番の原因は「自分が管理、コントロールできる量を超えて、モノを持ってしまっていること」です。自分のキャパシティを超えてしまっていたら、部屋だけでなく頭の中も混乱してしまいます。

ですから、**まずは不要なモノを捨てる**ということから始めましょう。モノが少なくなると部屋は散らからなくなり、掃除もさらにしやすくなっていきます。

掃除を続けたい気分のときには、一気にやってしまう。

不要なモノを捨てていくと掃除がどんどん加速していきます。そして、多くの人にフロー現象のようなことが起こり始めます。掃除が楽しくなり、集中し始めるのです。

そのときは集中力に任せて、10秒と言わずに一気に掃除を進めてしまいましょう。部屋が日に日にキレイになり、毎日がますます楽しくなっていきます。

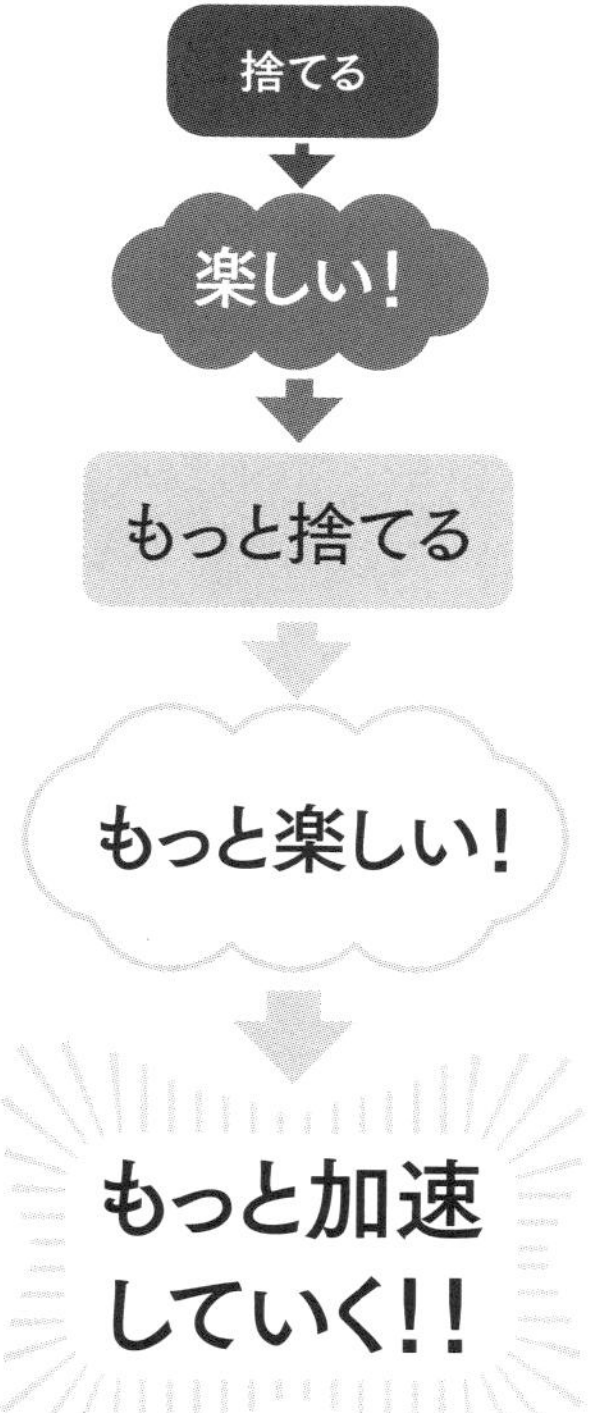

5章

もっと「そうじが楽しくなる」4ステップ

この章では、より楽しくて効率的な、
私たち「そうじ道」による掃除の基本をお伝えします。
朝「10秒そうじ」の応用編です。
ぜひやってみてください。

掃除には「正しい順番」がある

整理整頓というと、一般の人は四字熟語のように考えていることが多いようです。ですが、私たち「そうじ道」では整理、整頓、清掃、清潔に関しては次のような定義をしています。

「整理」とは、不要なモノを捨てること。
「整頓」とは、すぐに使える状態に配置すること。
「清掃」とは、埃をとること。
「清潔」とは、ピカピカの状態に磨き上げること。

世の中に掃除が得意な人はたくさんいらっしゃいます。「整理のプロ」「整頓のプロ」「清掃のプロ」「清潔のプロ」とそれぞれの分野でプロフェッショナルな人たちです。

でも、一口に「掃除のプロ」といっても、整理、整頓、清掃、清潔のどこかの分野についてのプロという人が多く、すべての分野にまたがって掃除を伝えられる人はかなり少ないようです。

私たち一般財団法人 日本そうじ協会「そうじ道」ではこれらの整理、整頓、清掃、清潔の技術をすべて統合して、誰にでもできるように標準化しています。

そして、掃除をするときには、以下の順序で進めることを推奨しています。

「換気」↓「整理」↓「清掃」↓「清潔」↓「整頓」

それではそうじ道の順序に沿って、掃除の基本をお伝えしていきます。

Step1
換気

まずは「空気の入れ替え」から始める

◎換気をして汚部屋スパイラルから脱出しよう！

世の中で掃除というと、埃を掃いたり拭いたりすることだと思っている人がいます。モノを捨てることだとか、倒れたモノを垂直に置き直すことが、掃除だと思っている人もいます。そして、それぞれがよくテレビや雑誌で特集されたりもします。

どれも私たちの考える掃除の中のひとつではありますが、じつはそれ以外に大事な掃除のメソッドだと考えているものがあります。あまり掃除の技術として語られてきていなかったものです。

それは「**換気**」です。

これまで、ゴミ屋敷、汚部屋をたくさん掃除しに行きましたが、そこで私たちがまず真っ先にやらなければならないことは、換気だったのです。そのため、換気こそがすべての掃除活動に最優先してやるべきことだと思っています。

汚部屋は入った瞬間、空気が重くて、臭いのです。部屋に入った瞬間、やる気をそぐ環境が出来上がっています。だから、仕事、ビジネスや勉強だけではなく、小さな掃除ですらやる気力が起きなくなるのです。

汚部屋の住人はほぼ例外がないといってもいいぐらいに窓を開けることがありません。汚いから窓が開けられないともいえるし、窓を開けないから、掃除をする気も起きない、という汚部屋スパイラルに陥っています。

不思議なことに、私たちが汚部屋の掃除をしにいくと、なぜか1階の住人が多いのです。1階に住んでいるため、周りの視線が気になって窓を開けられなかったというのが汚部屋のスタートだったかもしれません。2階以上の部屋と違って、蚊が入ってくるのが嫌だというのがキッカケだったかもしれません。網戸が壊れているからというのが最初のキッカケかもしれません。防犯のためというのが最初のキッカケかもしれません。

何が最初のキッカケだったかはわかりませんが、窓を開けないで、日の光や風を取り込まないうちに気力を奪い取られて、ゴミ屋敷へ一直線となっていったのです。

「自分は朝から夜中まで仕事で帰宅しないため、窓の陽射しは関係ない」と、窓際に本棚を置いてしまっている人もいます。洗濯物を家の中で毎日干すようになったら、そのまま窓を開けることがなくなってしまった人もよくいます。

掃除を手伝いに行く私たちに対して、彼らは共通して、「ちょっとそこを開けないでください」と最初に言うのです。きっと彼らも汚い部屋を近所の人に見られるのが恥ずかしいのでしょう。ですから部屋がある程度キレイになるまでは、窓も開けさせてもらえない中で、埃まみれで汗だくになって掃除をするという経験を数え切れないほどしてきました。

でも、部屋がキレイになっていくにつれて、クライアントの表情が変わっていくのです。

最後に窓を開けたときに、**家にも住人の心にもいい風が吹き込んできたような感動**をたくさん見てきました。

積極的で楽しいワクワクした人生を歩みたいのであれば、まず真っ先にやるべき一番の掃除の基本というのは、窓を開けて換気をすることなのです。

◎家は私たちの体の一部

家というのは私たちの体の一部の外脳なのです。

だから、私たちが、キレイで新鮮な空気を吸いたいと思っているように、自分の部屋にも新鮮な空気で呼吸をさせてあげましょう。

Step1
換気

換気のポイント

部屋に「空気を流す」ことが大事

◎空気を流すために対面の窓を開ける

換気は、単に窓を開ければいい、というものではありません。ひとつの窓を開けたら、部屋の対面にある窓も開けるのがポイントです。

窓がない場合には換気扇を回すのもいいでしょう。そうすると空気が流れるのです。窓を開けても部屋の中の空気が淀んでいたら、あまり効果はありません。換気扇や扇風機を使ってでも、**部屋の中の空気を流す**という意識を持つことが大切です。

さらに部屋の中の空気を流すには、対面にある窓の、片方は大きく窓を開けます。もう片方は小さく窓を開けます。不思議なことに、窓の開け方に大小の差をつけることによって、空気はより流れるようになります。

◎ 空気の通り道にはモノを置かないようにする

ほとんどの汚部屋では、窓の前にモノが置かれています。出窓も飾りを少し置いてあるというレベルではなく、物置として使われています。マンションでは玄関からリビングに流れる空気の通り道に、道を遮るようにモノが置かれていたり、洗濯物が干されていたりします。空気が流れなくなるようにモノが置かれているのです。

空気が流れていない環境に「いい流れ」が起きることはありません。

まず窓を開け、窓の前のモノを片付け、空気の流れる環境をつくりましょう。

Step2
整理

「不要なモノ」はどんどん捨てる

◎ゴミとは「今は使っていないモノ」「今後使わないモノ」

掃除ができない人の最大の理由は「モノが多いこと」です。たくさんあるモノを捨てることによって、掃除は楽で楽しくなっていきます。

そうじ道では、「ゴミの概念を変える」ことからスタートします。

みなさんはゴミというとどんなイメージがわきますか？　私たちはたくさんの部屋の掃除を手伝い、そうじ道を進めていく中で、「ゴミの定義が人によって違う」ということに気付きました。部屋がキレイな人と、汚い人では「ゴミの定義が違う」のです。

一般的に思われているゴミというのは「壊れたモノ」「賞味期限が切れたモノ」「もう使えなくなったモノ」「生活の中で出た生ゴミ」「読み終えた新聞、雑誌」「役に立たなくなったモノ」「置き場に困るモノ」などです。こういった考えがある人にとっては、「壊れていないモノ」「まだ使えるモノ」「置き場に困らない小さいモノ」はゴミではないのです。

それに対し、いつもキレイな部屋を保っている人にとってゴミとは、**「今は使っていないモノ」「今後使わないモノ」**という定義があったのです。この人たちにとっては、壊れていなくてまだ使えるモノであっても、もう使っていないモノであるならば処分すべきゴミなのです。

使っていないなら、どんなに便利であってもゴミ。
使っていないなら、どんなに高かったモノであってもゴミ。
使っていないなら、どんなに小さくてもゴミ。
使っていないなら、どんなにキレイでもゴミ。

この**ゴミの定義の差が、部屋の汚れの差になっていく**のです。「ゴミってなんだろう？」という認識が変わり、使っていないモノ、もう使わないモノを部屋の中で見るたびに違和感を覚えるようになると掃除は加速します。これが私たちのいう「**快・不快センサー**」です。使っていないモノに部屋を占拠されていることを不快に感じられるようになると、片付けたくなっていくのです。

「買ったときは高かったから、捨てられない」といってクローゼットの中が昔の流行のブランド服ばかりの家もたくさん見てきました。

昔、高いお金を出して買ったとしても、今後はもう使わないモノをクローゼットの中にしまい込むのは、クローゼットの中にゴミをたくさんしまっているのと同じです。無意識に「ああ、邪魔だなあ」「もういらないな」と本当は思っているのに、高かったから、壊れていないから、捨てられないからと置いているモノは、あなたの美的感覚をどんどん狂わせていく「誤美《ごみ》」なのです。

あなたの部屋のクローゼットの中にたくさんの今は着ていない服が詰まっているかもしれません。何年も前に流行したその服を今後も着るつもりなのでしょうか？　それはゴミです。

太っている人が「やせたら着よう」と思って服を捨てられないケースもたくさん見てきました。でも、やせたときに着た人は見たことがありません。新しい服を買いたくなるものなのです。

「高かったから捨ててはいけない。いつか着ないと」という思いがあなたの美的感覚を狂わせていくのです。そして、単なるゴミが誤美になってゆきます。

◎捨てられない15の理由

キレイな部屋をつくるためには「モノを捨てることが大事」と頭ではわかった気になっていても、なかなかモノは捨てられません。

166ページからのSpecial Columnで多くの人が悩む捨てられない理由と、その対策をまとめましたので、ぜひそこを読んで、**捨てられる精神**を身につけてください。

Step2
整理

整理のポイント①

まずは「大きなゴミ箱」を用意

掃除をし始めた頃は、部屋に**大きなゴミ箱を設置する**といいでしょう。シャレたゴミ箱である必要はありません。段ボールの箱でいいのです。モノを捨てやすい口の大きく開いたゴミ箱がおすすめです。

地域によって分別の仕方が違うかとは思いますが、まずは、大きく分けて「燃えるゴミ」「燃えないゴミ」のふたつのゴミ箱を設置して捨てていくのがいいでしょう。

さらに掃除の初級者におすすめなのが、「大きなゴミ箱をひとつだけ用意する」ということです。

モノを捨てるのが苦手な人にとっては「モノを手に取る↓分別を考える↓捨てる」という3段階が億劫なのです。そのためにモノを捨てなくなってしまいます。

そういう人は分別も何も考えずに、大きなゴミ箱に次々にモノを投げ込むといいでしょう。そうして「捨てる」という体験をしたあとに、ゆっくりとゴミ箱の中身を分別するのです。

「手に取る↓捨てる↓分別する」

掃除ができる人にとってはムダにも思えるようなこの工程が、掃除初級者にとっては掃除という行動を加速させることになるのです。

Step2 整理

整理のポイント②

捨てるか迷うのは10秒まで

モノを捨てるかどうか迷うのは10秒までにしましょう。

もし10秒たっても迷っているようでしたら、それは**期限付き整理箱**に入れましょう。毎日のように、使っていて、本当に大切なモノであれば、10秒も悩まないはずです。

それは、人付き合いに置き換えても一緒です。

「この人はあなたにとって今後もお付き合いを続ける大切な人ですか?」と聞かれて「う~ん、付き合うか迷うなぁ」と10秒間悩んでしまう程度の人だったら、それほど大切な人ではないのでしょう。

とはいっても悩むモノでしたら、まずは期限付き整理箱に入れてしまってもいいでしょう。

期限付き整理箱は段ボールの箱で構いません。

「入っているモノ」「入れた日付」「処分する期限」を表に書いておき、期限が過ぎたらそのときには捨ててください。期限は半年から1年くらいがいいでしょう。


期限付き整理箱にモノを入れると、おそらく期限になっても結局使わずにそのまま捨てることがほとんどです。そのような経験をすることで、不要なモノは捨てる習慣が加速して身につくようになっていきます。

Step2 整理

効率良く整理するための4つの手順

①まずは写真を撮る

114ページで紹介したようにまずは部屋の写真を撮りましょう。毎日、掃除をするビフォーアフターの写真を撮ると楽しくなっていくことでしょう！

②中身をすべて出す

棚、机、クローゼットの中から捨てるモノを探すという作業は時間がかかるし、あまりモノを捨てることもできません。

まずは全部出し、**本当に使うモノだけを棚やクローゼットに戻していく**作業をするのが効果的です。そうすると、部屋がかなりスッキリしてきます。

ただ、掃除にあまり時間を取れないときもあります。そのときはその時間内に掃除できるような狭いスペースでいいので「全部出す」ということが大事です。

- 机の片隅のモノを取り出して移動させる。
- 机の上のモノをすべて取り出して移動させる。
- 引き出しの中のモノをすべて取り出して移動させる。
- 部屋にあるモノをすべて取り出して移動させる。

このように、自分が掃除に取れる時間を考慮しながらやってみてください。

③「今、使ってる？　使ってない？」と質問する

出したモノに対して「今、使ってる？　使ってない？」と質問しましょう。

ここで「まだ使える？」「高かった？」「懐かしい？」「壊れてない？」などの質問はＮＧです。

あなたの部屋にあるモノはほとんどが「まだ壊れていなくて使えるし、買ったときは高かったし、懐かしいモノ」です。質問を間違えてはいけません。

高かろうが、壊れてなかろうが、懐かしかろうが、もう使っていなくて部屋の収納スペースを無賃占拠しているモノはゴミなのです。

④4種類に分別する

●今使っているモノ

「今、使ってる？　使っていない？」という質問に「今、使ってる」と答えたモノは大切なモノです。また、頻繁に使うモノでもあります。それらは、手が届きやすく、すぐに取り出しやすい収納グッズにしまいましょう。

収納グッズは使わないモノをしまって置くためのモノではありません。**使うモノを使いやすい状態に配置するためのモノ**なのです。

「今、使ってる」モノから、カラになった収納グッズに戻していきましょう。

問題は「今は使っていない」モノです。こちらは3種類に分けましょう。

●今は使っていないけど、1年以内にはまた使うことがはっきりしているモノ
場所を変えて保管しましょう。多少、取りづらい場所、遠い場所でも構いません。よく使う収納グッズには、よく使うモノを入れておくべきなのです。

●今は使っていなくて、今後も使う予定がないモノ
これは捨てましょう。部屋にあっても廃棄されることを待つだけのモノです。さっさと捨てましょう。

●今は使っていなくて、今後、使う気もするし使わない気もするモノ
迷ってしまうモノは一応、とっておきましょう。半年程度の猶予を与えて、期限付き整理箱に入れておくのです。

もし、猶予期間が過ぎて、「やっぱり使わなかった」となったら、そのときにはそのまま捨ててしまいましょう！

Step3
清掃&清潔

はたく! 拭く! 磨く!

Step2ではすべてのモノを取り出しました。モノをどかし、何もなくなったところで「清掃」「清潔」を行いましょう。

そうじ道では、「清掃」「清潔」を以下のように定義しています。

「清掃」とは、埃をとること。
「清潔」とは、ピカピカに磨き上げること。

それぞれのやり方とポイントを次から説明していきます。ぜひコツを覚えて、効率的に掃除を進めてください。

掃除エピソード

埃アレルギーの汚部屋住人

ゴミ屋敷、汚部屋の掃除をしに行くと、ほとんどのケースで住人から「私は埃アレルギーなんです」と言われます。

そして、彼らはマスクをたくさん持っているのです。空気清浄機も各部屋に備えつけられています。

でも、掃除をしていると、部屋のあちこちから「これでもか」と思うほど埃がたくさん出てきます。中には埃がたまりすぎて、雪崩のようになっているケースもあります。

埃アレルギーだからとマスクを装着して終わりにするのではなく、しっかりと埃を除去する掃除を習慣づけることが健康への第一歩です。

Step3
清掃&清潔

清掃のポイント

埃をキレイに除去する3原則

◎乾いた埃は乾いたままとる

埃を濡れ雑巾などで拭くと汚れがのびて広がります。そして落としにくくなってしまうのです。ですから、**乾いた埃は乾いたまま処理**してしまいましょう。ハタキなどでさっとはたくだけでOKです。

◎「清掃は上から下へ」が大原則

清掃の順番は上から下です。下から掃除をすると、上部の埃をはたいたときにまた下部に埃が落ちてしまいます。最近では埃を静電気で吸着し、洗って再利用できるハタキもあります。こちらも埃が舞いにくくなるのでおすすめです。

◎埃はこびりつく前に除去

汚部屋を掃除していると、長年かけてたまった埃がこびりついていることがあります。一度こびりついてしまうと、取れにくくなってしまうので、テレビのCMの間にハタキを持って部屋を1周するなど、毎日ちょっとした空き時間に除去する習慣を手に入れるといいでしょう。

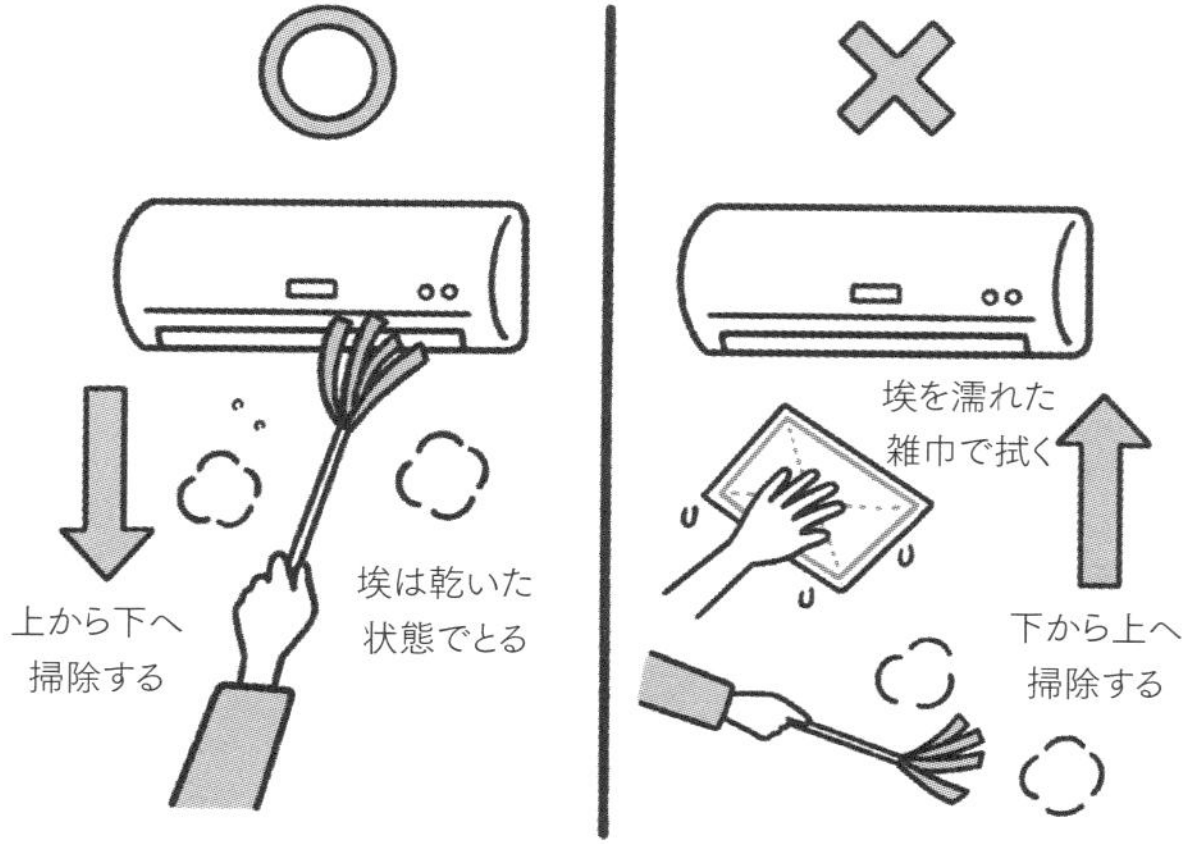

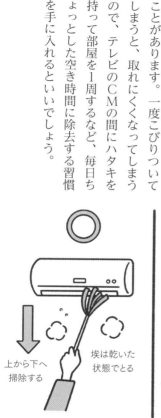

上から下へ
掃除する
埃は乾いた
状態でとる
埃を濡れた
雑巾で拭く
下から上へ
掃除する

Step3
清掃＆清潔

清潔のポイント①
油汚れには重曹、水垢汚れにはクエン酸

埃を除去したあと、拭き掃除、磨き掃除をします。家の汚れは「酸性の汚れ」と「アルカリ性の汚れ」に大別できます。部屋の汚れのほとんどを占める油汚れは酸性の汚れです。水垢汚れはアルカリ性の汚れです。

酸性の汚れにはアルカリ性の洗剤をぶつけて中和させます。
アルカリ性の汚れには酸性の洗剤をぶつけて中和させます。
油汚れにぶつけるアルカリ性の洗剤としておすすめなのが「**重曹**」です。
重曹は、医薬品としても使われるくらい安全な成分です。

使い方は、水200ミリリットルに大さじ1~2杯を混ぜ、汚れにスプレーをするだけです。しばらくすると汚れが中和され、浮いてきます。汚れが浮いてきたら拭き取るのです。

反対に、水垢汚れはアルカリ性の汚れです。アルカリ性の汚れには酸性である「**クエン酸**」溶液を吹きかけます。それから拭き取るとキレイに落ちます。クエン酸は水200ミリリットルに小さじ1杯が目安です。

重曹もクエン酸も、今では100円均一ショップにも売っていて、手軽に手に入ります。

はじめのうちは「これは重曹かな？　クエン酸かな？」と迷うかもしれません。そのようなときはまずは重曹から試してみてください。それでダメだったら、アルカリ性の汚れですからクエン酸で試してみてください。

次第に汚れ落としが楽しくなっていきますよ！

Step3
清掃＆清潔

清潔のポイント②
温度と時間のコントロールが大事

みなさんはがんこな汚れをどうやって落とそうと考えますか？
多くの人が強力なたわしで力強くゴシゴシとこするでしょう。
でも、これは上等なやり方ではありません。汚れを落とす力というのは、次のような掛け算で表せます。

「汚れを落とす力＝洗剤×温度×時間×力」

汚れに合った正しい洗剤を選んだら、あとは適正な温度と時間をコントロールすることが秘訣なのです。

多くの人が汚れを落とすときに洗剤をつけたらすぐに磨こうとします。

でも中和という化学反応をさせて汚れを落とすためには、適正な洗剤をかけたら、**しばらく時間をおくのがいい**のです。汚れと場所によっては1秒でいいでしょう。キッチンなどのがんこな汚れの場合には何時間も漬けおき洗いが必要になるかもしれません。

このように腕力に頼るのではなく、時間を味方にして掃除をすると、あっと驚くようにキレイに汚れが落ちる瞬間を体験し、掃除がもっと楽しくなっていきます。

また、酸性の洗剤は温かいお湯でつくると強酸性になります。アルカリ性の洗剤は温かいお湯でつくると強塩基性になります。より汚れを落としやすくなるのです。ただし、あまり強い洗剤で掃除を行うと素材を傷めることがありますので、適正な時間と温度を知ることが大切になります。

掃除の達人度は「**温度と時間のコントロールができるか**」でわかるのです。

Step4
整頓

「すぐ使えるように」配置する

◎整頓の原則がわかっていない人は、掃除を繰り返す

多くの人は、掃除における整頓とは、

- 見栄えを良くする。
- 汚いモノ、使っていないモノは収納グッズの中に隠す。
- 倒れているモノは垂直に直す。
- 収納グッズの中になるべくたくさん詰め込む。

ことであると考えているようです。

しかし、このような考え方で整頓しても「その瞬間はキレイに見えてもまたすぐに汚くなる」ことを繰り返します。なぜなら、使い勝手よりも見栄えを優先しているため、日々の生活様式に合っていないからです。日々を快適に過ごしたいのであれば、**「使い勝手」を最優先に考えるべき**なのです。

そうじ道では「整頓とはすぐに使えるように配置すること」と定義しています。あくまでも「収納グッズとは、よく使うモノを使いやすい状態に配置するためのモノ」で、「使わないモノを隠ぺいしておくモノ」という考えとは180度違う考えなのです。

ですから、Step2ですべてのモノを収納グッズや部屋から取り出したら、「よく使うモノから収納グッズに使いやすい状態で配置していく」ことが大切になります。

「使わないモノをしまう」のではなく、**「使うモノをしまう」のが収納**なのです。

掃除エピソード

ゴミの隠ぺい工作は絶対NG

掃除のサポートをしにいってよくある光景のひとつを紹介します。

部屋を片付けられない人の多くは、使わなくなったモノや見栄えが悪いモノを押し入れやクローゼットの中に押し込みます。

これは**ゴミの隠ぺい工作**です。

そして使っているモノをそのクローゼットの前にラックなどを買ってきて置いていきます。洋服ダンスの戸の前にたくさんの洋服をかけている人も一緒です。こういう人たちは収納の戸の前にモノがたくさんあるので、収納の中を見ることができません。

我々が一緒になって大掃除をすると、バブル時代のボディコンや高校時代の愛用の服などがたくさん出てくるという経験を何度もしてきました。いつも笑いにあふれる瞬間です。

収納棚に収まりきらないときには、収まりきる量にモノを減らすことが肝要です。

使い勝手が最優先されている配置

必要なモノがすぐに使えない配置
毎日、部屋の中で動き回っていませんか？

Step4
整頓

整頓のポイント①

収納グッズは「買わない。捨てる」

部屋が片付かない人に限って、棚やハンガーラックなど、新しい収納グッズを買おうとします。汚部屋の住人は、部屋中、棚だらけという人が多いのです。そのため、大掃除をした結果、棚を10個捨てたという経験を何度もしたことがあります。

このような人は財布でも、「カードや会員証が収まりきらない。もっとカードがたくさん収納できる財布を買おう」という発想になります。

収納グッズを買い続けるのは、片付けられない人の特徴です。

人は**空間があると、そこにモノを入れたくなるもの**です。ですから、部屋を片付けたいと思ったら「収納グッズを購入するのではなく、捨てる」ことが秘訣です。

棚を捨てると部屋も広くなり、快適です。

また、収納するところがなくなると、新しいモノを買うときも、何かを捨ててから買う習慣が身につくようになります。

掃除を本格的に始めた頃というのはたくさんのモノが捨てられていきます。そして棚やボックスなど収納グッズを捨てられたときには、感動するほどの達成感を味わえることでしょう。

みなさんも「この棚を捨てられたら気持ちがいいかも」と目標や計画を持って掃除するのも楽しいかもしれません。

Step 4
整頓

整頓のポイント②

動線を邪魔するモノは排除する

みなさんは家の中でどのように活動し、動いていますか？

私たちの考える整頓とは「使いやすいように配置する」ことです。ですから、家の中で動きやすく、使いやすいようにモノを配置する設計をしなければなりません。

家の中で歩いたり移動したりするコースを「**動線**」と呼びます。

毎日、何回も何十回も歩いているコースにあなたの動きを邪魔しているモノは置いてありませんか？

毎日の生活の中でもう慣れ親しんでしまっているモノであっても、よく考えたら「もし、これがここになければもっと歩きやすいのに」というモノはありませんか？

あるモノを取るときに、足元にある何かが邪魔して体を曲げながら取るようなことはありませんか？

本来は直線で行ける場所のはずなのに、蛇行して歩かないと目的地に行けないような場所が家の中にありませんか？

廊下や階段を物置代わりに使っていませんか？

それをそこから排除しましょう。

スムーズに歩けるようになったとき、はじめて「今までストレスに感じていたのだ」ということに気付けます。

掃除エピソード

階段にモノを置くのは親の習慣

階段にモノを置くという話がピンとこない人がいます。

逆に「そうそう！」と盛り上がる人たちもいます。

自分が生まれ育った環境が「階段にモノを置く家庭」だったとすると、自分たちが大人になったときも当たり前のように階段を物置に使ってしまいます。子どもの洗濯物を階段に置いて、自分の部屋に持っていかせていたとしたら、「階段は物置として使える」と潜在意識にインプットされてしまうのです。

それは、一度もそういう光景を見たことがない人にとっては、考えたこともない発想です。階段にモノを置く癖がついていた人がすべての段に少しずつモノを置いた結果、2階には面倒なのでほとんど出入りしなくなってしまった、という例もたくさん見てきました。

人は「楽に行けるところには行く」「楽しいところには行く」のです。家を最大限、活用するためにはどこの部屋に行く**通路も階段も、モノが何も置かれていない状態がいい**でしょう。

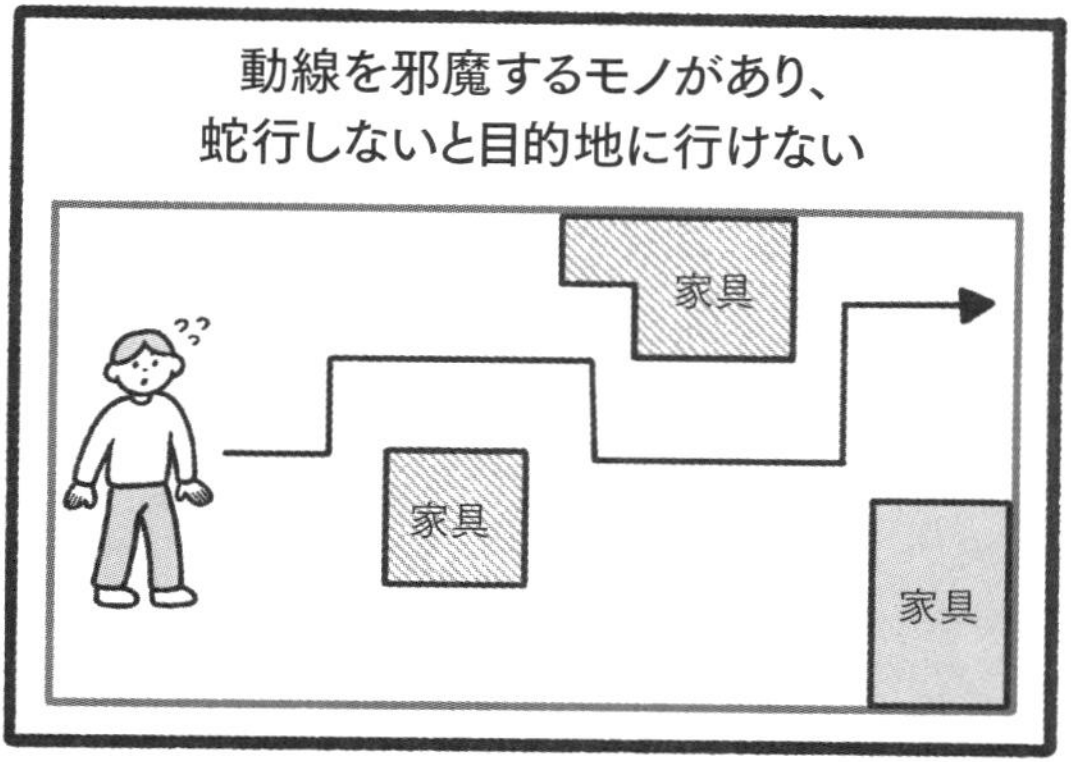
動線を邪魔するモノがあり、
蛇行しないと目的地に行けない
家具
家具
家具

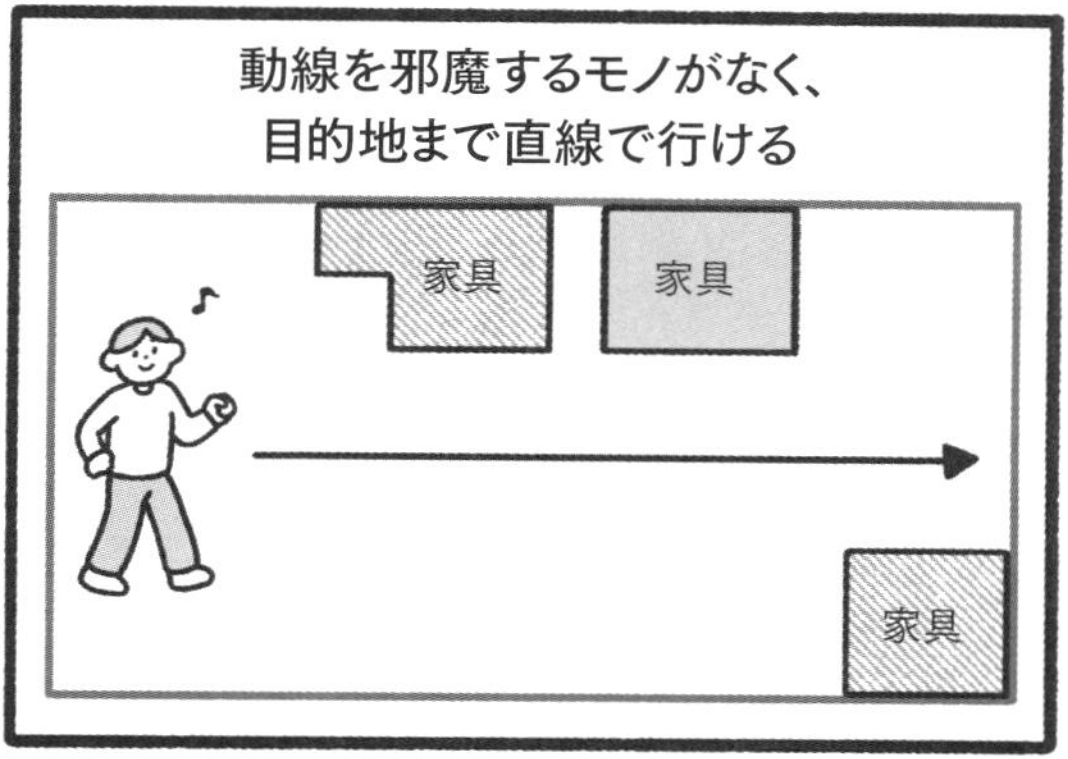
動線を邪魔するモノがなく、
目的地まで直線で行ける
家具
家具
家具

Step4 整頓

整頓のポイント③

「もっと短距離で、もっと楽に」を考える

動線は距離を短く！
動線は時間を短く！

このように考えるのが、整頓の原則です。

以前、ある会社に指導に行っていたときのことです。掃除による生産性と効率性の向上が目に見えて表れてきて、社員も掃除をするのが楽しくなってきていました。あるとき、「これ以上掃除をするところがない」と考えたのか、「トイレから、トイレの掃除グッズとトイレットペーパーを移動させることにしま

した。こうするとスッキリです」という実践報告がされました。

この実践はやりすぎです。見栄えはよくなったかもしれませんが、人の出入りも多いこの職場では毎日トイレットペーパーの交換もあるし、毎日トイレ掃除もしています。そのたびにわずか数メートルとはいえ、取りにいかないといけないのです。

また、ある家庭では毎日ごはんを炊くという行動をするのに、炊飯器の位置と、お米が置いてある位置と、水道の位置が離れていました。

これらも同じキッチン内のことですから「たかが数メートル」の行動といえるかもしれません。けれど、それまでは工夫や改善する意識もない中でのんべんだらりと毎日を同じように過ごしていた主婦が「炊飯器とお米を水道の近くに置きました。すごくスッキリしました！」と喜びの報告をくれました。

じつは会社などの掃除の指導でも、このような「数秒を短縮するにはどうしたらいいと思う？　今は無意識にやってしまっているストレスの源をどう排除したらいいと思う？」と問いかけるところから始めます。「**もっと距離を短く！**」「**もっと時間を短く！**」「**もっと楽にやる方法は？**」と考えるのが整頓なのです。

こういう思考を続けると生活の中からムダがなくなっていき「気付く能力」「改善する能力」が高まり、充実した日々が始まるのです。

◎いろいろな動線を考えてみよう

みなさんが毎日、家の中でしている行動を考えてみましょう。そしてその毎日の行動に合わせて動線を考えてみましょう。

たとえば、「洗濯動線」「入浴動線」「掃除動線」「オシャレ動線」「料理動線」「テレビ一服動線」……などいろいろありそうですね。

洗濯も料理も、もっと楽にやる方法があるでしょう。お化粧も家の中をあちこち移動しながら鏡で確認したり、お化粧ポーチを持ち歩かない方法があるかもしれません。

人によっては風呂の前の脱衣所に下着を置くようになり、着替えが楽になった、という報告をくれた人もいます。

自分らしく、楽しくなれるような**動線収納**を考えてみましょう!

リビングに
粘着ローラーがあれば、
いつでも10秒そうじ
できます!
米びつ
米の保管場所は
炊飯器のそばに!
脱衣所に
下着収納棚が
あれば、お風呂
上がりにすぐ着
替えられます!
脱衣カゴは
洗濯機の隣に!

Step4 整頓

整頓のポイント④

「ラクラク収納」4つのコツ

◎ 70%収納を目指す

収納グッズの中に、なるべくたくさんのモノを詰め込む方法を考えるのはやめましょう。収納グッズを機能的に合理的に活用することは大切です。でもそれは100%収納を目指すことではないのです。**20~30%の遊び**の部分があるからこそ使いやすくなり、活きるのです。

たくさん詰め込みすぎると掃除がしにくくなり、ゴミ屋敷のスタート地点になってしまいます。クローゼットやタンスに服を詰め込みすぎて、棚が閉まらないという家もたくさん見てきました。ここまでくると、あとはゴミ屋敷に一直線です。

たくさんの洋服がクローゼットに詰め込まれていると、探したり、取り出したりするのも大変で時間がかかります。スーツもしわしわで清潔感がありません。せっかくのオシャレが台無しです。

収納に余裕があるとこういうことが起こらず、オシャレで素敵なあなたでいられるのです。

◎ 使用頻度を考えて収納する

家の中には「よく使うモノ」「時々使うモノ」「数年に1回しか使わないモノ」などいろいろあると思います。よく使うモノは近くに置き、あまり使わないモノは遠くに置くのが原則です。

高さでいうと、**よく使う順番に「中段↓下段↓上段」に置くといい**でしょう。

たとえば、食器棚であれば、毎日、家族が使う食器は中段に置きます。下段は鍋やフライパンを置きます。上段は時々くるお客さん用の食器を置きます。

靴箱であれば、毎日使っているモノは玄関に置き、よく使うモノは取りやすい中段に。使用頻度がそこまで高くないモノは下段に。ほとんど使わないモノは上段に置くのです。

そして時々、上段の荷物は「捨ててもいいかな」と見直すことが大切です。

◎グループ収納

すぐに使えるように、使用場所や用途などが同じモノは、**まとめて収納**するようにしましょう。手紙セット、パソコンセット、洗濯関連、趣味セット（サーフィンセット、山登りセット、ジョギングセットなど）、説明書類、会員証類、化粧品類、掃除セットなどです。掃除セットも「窓を磨くときのセット」として重曹、スプレーボトル、スクイジー、乾拭き用雑巾をまとめてバケツに入れておくと窓を磨く掃除が心の負担になりにくくなります。

また、季節ごとのグループ収納もいいでしょう。冬なら、年賀状関連、スキー関連、夏なら、海やプールに行くときのセットとして、水着、ゴーグル、キャップが同じところにあるほうがいいでしょう。

定位置管理

郵便物がなぜ、毎日どこからでも正確に我が家に送られてくるかというと、それは住所がしっかり決まっているからです。その住所を見れば、担当の配達員が変わったとしても確実に配られます。

同じように、家族や職場の人などが、誰でもわかるように**定位置を決めてモノを整頓**することが大切です。

すぐ出せる、すぐしまえる、というわかりやすさが大事です。その定位置管理がしっかりとできるようになると、散らからずに、ストレスのない家庭や組織になっていきます。

定位置管理はシールを貼ったりすると、よりわかりやすくなります。

Special Column

捨てられない15の理由

掃除をするときに「捨てる」ことはとても重要で、避けては通れません。
けれど、様々な理由からモノを捨てられない人はたくさんいます。
ここでは多くの人が悩む15の捨てられない理由とその対策を紹介します。
今まで捨てられなかったモノを手放せたとき、
あなたの毎日は輝き始めます！

捨てられない理由1

想い出の品物だから

使っていないのに捨てられない一番の理由は、「モノに想い出があるから」です。ひとつひとつのモノには、それぞれに想い出があります。「あのとき、あそこで買ったんだよなぁ。あの人は元気かなぁ」「これを見るとあの日のことを想い出す」など想い出にふけりながら、なかなか捨てることができません。

でも、「モノ自体には意味がない」のです。モノに付随する想い出を捨てられないだけなのです。ですので、**写真を撮って捨ててしまう**ことも考えましょう。

私自身も、はじめてホノルルマラソンに出たときの完走メダルが部屋から出てきたことがありました。初マラソンの想い出ですから、感慨深いものがありました。でも、そのメダルそのものに意味があるのかというと、ありません。重いしかさばるので、写真を撮って、メダルは捨ててしまいました。

では、使っていないモノはすべて捨てればいいのかというとそうでないケースもあります。今は使うことがない想い出の品であったとしても、それを見たり、手に取ったりすると、あのときのやる気がよみがえるとか、心の安定につながる、というようなモノは今も役に立っていると考えます。

そういう場合には、棚の一角を利用して、**想い出展示コーナーをつくる**ことをおすすめします。そうすれば、そこの前を通るたびにやる気や安心が手に入るのです。想い出コーナーに展示するわけでもなく、ただダンボールに詰め込んで、押入れの奥にしまい込んでいるだけであったら、それは単なるゴミの隠ぺい工作と一緒です。そこにだって家賃はかかっているのです。

捨てられない理由2 高かったから

購入したときに高かったモノは、使っていなくても「高かったし、いつかまた使うかもしれない」と思うとなかなか捨てられません。

でも、この1年間で使わなかったモノは捨ててしまいましょう。どんなに高かったモノであっても、**使わない限りはゴミと一緒**です。

また、押入れの中に結婚式の引き出物やブランド品のタオルなどがたくさんある人がいます。こういう人は「お客様がうちに泊まったときに出せるように保管しておこう」と思って押入れの奥底にしまっています。そして、何をどこにしまったかも忘れて、自分は安価で買ってきたタオルを使用しているのです。

使っていないモノはまずは自分で使いましょう。自分でも使わないのなら捨ててしまいましょう。

捨てられない理由3

壊れていない、まだ使える、使いきっていないから

人は壊れていないモノはなかなか捨てられません。「まだ使えるから。まだ使いきっていないから」と思って、結局使いもしないのに、残しておくのです。でも、15年前に購入したパソコンを想像してみてください。壊れていないパソコンだとしても、今、使いますか？ きっと使わないでしょう。パソコンだったら諦めるのに、ついつい他のモノだと「また使うのではないか」と錯覚してしまうものなのです。

過去1年間使っていないモノの99％は今後も使わないことでしょう。3年使っていないモノに関しては限りなく100％に近く今後も使いません。壊れていなくても、使っていないモノはムダに場所を占有し、家賃を奪い取るゴミです。15年経ってから捨てるのではなく、今日捨ててしまえば、今から15年、部屋は広く使えるのです。

捨てられない理由4

小さいから

小さいモノは生活を脅かすほど目立たないのでついつい見過ごしがちです。でも細々とした小さいモノが部屋にあふれると、それが汚部屋の第一歩となっていきます。

たとえば、ある会社での掃除の講座のあとに実際に職場を掃除していただきました。すると、もう使っていない小さな消しゴムが38個も出てきました。

小さな消しゴムが38個あってもそれほどは目立ちません。

でも「もしこの消しゴムが50センチだったらどう思う？」と聞くと「たまりません。うんざりです」とみなさんが言っていました。

小さいために存在が許されていた消しゴムをその日に全部、処分しました。するると、机の中がとてもスッキリしました。**小さくとも不要なモノは不要**だったのです。そして小さなストレスを与えていたのです。

ぜひ、みなさんにも、「これが50センチになっても愛着があるかな？」と自問自答することをおすすめします。

捨てられない理由5　いつか使うかもしれない

部屋を掃除しているとよく、謎の電気コード、出張先のホテルでもらってきた歯ブラシ、ブランド品の紙袋などがたくさん出てきます。

電気コードなどは「なんの機械のコードなんだろう？　わからないから捨てないでおこう」と思ったまま10年くらい経過しているモノが山ほど出てきます。

ホテルから持ち帰った歯ブラシなどのアメニティグッズもいつ使うというのでしょう？　来客用に取っておいている人は年間、何人が宿泊し、何人にその歯ブラシを使ってもらったかを計算してみてください。自分で使うつもりであるならば、２本もあれば在庫としても十分です。

紙袋は30～50枚は平均して出てきます。

でも、**そんなにたくさんの紙袋が必要なのか**を冷静に考えてみてください。

「使う量だけ残す」ことをし、あとは処分しましょう。

捨てられない理由6

もったいない

日本人には「もったいない」という精神があるといわれています。とても素晴らしいことです。私も「もったいない」という思いでモノもお金も大切にすべきだと考えています。

それなのに、人には「捨てろ捨てろ！」と言っています。矛盾しているのでしょうか？ いいえ、私は矛盾していないつもりです。

モノを人と考えてみましょう。自分の家に、使わないでほったらかしになっているモノがたくさんある人は、会話もしないで無視し続けている人が家にいっぱいいるのと一緒です。モノに対して失礼だし、かわいそうだし、冷たいことなのです。

「X（旧Twitter）やFacebookで1000人の友達がいる！」と自慢している人と、本当に濃い付き合いをしている親友10人がいる人と、どちらが人を大切にしているでしょうか？

もったいないと言いながら、モノを増やし続けている人は、**じつはモノをすごく粗末に扱っている**人なのです。

一度、自分にとって不要なモノをキレイに処分すると、「もう部屋を汚さないようにムダなモノは買わないようにしよう」「もらって帰ってもどうせ捨てることになるだろう。それなら、うちがもらってしまうともったいない」などのように、逆に「もったいない」という気持ちが育まれます。買い物をするときにも、とても慎重になります。そしてモノを大切にするようになるのです。

捨てられない理由7　迷信(おまもり、人形)

おまもりや人形は捨てづらいものです。

お守りなどは、神社に持って行くと「古札収納所」というところで引き取っていただけます。人形に関しては、燃える部分と燃えない部分に分別してさっさと捨てられる人もいれば、「顔のついているモノは捨てられない」と悩んでいる人もいます。もし、人形を捨てることがとても気になるようでしたら、人形供養をしてくれる場所を探すしかありません。良心的なところを探してみてください。

捨てられない理由8　服

汚部屋にはたいてい大量の服があります。ブランド品ばかり所狭しと置いてあるケースもあれば、「安物買いの銭失い」のような、すぐに傷んでしまう同じような服を大量に持っている人もいます。「最近は太ってしまったけど、やせたらまた着ようと思っている」と何年も着ていない服を大切にしている人もたくさんいます。

そのような人にアドバイスします。すぐに捨てましょう！

古いモノも捨てられない習慣のままでは太ることはあってもやせることは難しいのです。さらに、**やせたときには、その服はもう流行遅れのダサい服**となっています。あなたがやせたときには、もっと素敵な服で着飾ることができます。それを楽しみにしてください。

掃除をするとやせていく人が多いのですが、「大切にとっておいた服だけど、実際にやせると、今村さんに言われた通り、やっぱり着ないで捨てることになりますね」という感想を今までに何度聞いたことでしょう!!

そもそも好きな服は頻繁に着るものです。1年で1回も着なかった服はもう着ることはほぼないでしょう。どうせいつか捨てるのなら今日、捨ててしまいましょう。

捨てられない理由9

家族のモノ

自分が掃除を進めていくと、ついつい家族のモノが邪魔に見えてくることがあります。「あれを捨ててくれればいいのに」と心の中で独り言を言いたくなってしまうものです。

でも、そのときに勝手に他人のモノを捨ててはいけません。必ずトラブルになります。掃除は自分や周りの人が幸せになるためにしているのに、家族関係がぎくしゃくしてしまうことがよくあるのです。それは掃除をするようになった人が掃除をしない家族をバカにしたり、見下したり、無言のプレッシャーを与えたりするようになったときです。

家の中を掃除するときは、家族としっかりとコミュニケーションを取りながら進めましょう。そうすることによって、家族のコミュニケーションが活発になり、仲良くなっていきます。

自分にとってはたいしたことがないモノであっても家族にとっては思い出の詰まったモノであることもあります。モノを通して家族が大事にしている価値観を知ることもできます。自分の価値観を押しつけるのではなく、家族の価値観を知り、大切にしましょう。

そうやって**価値観を共有し、「良い場をつくる」**こともそうじ道なのです。

まずはあなたが朝「10秒そうじ」を続け、部屋をキレイにして、人生が輝き始めると、きっと家族も真似をし始めます。

まずは自分から変わっていきましょう！

捨てられない理由10

また使うかもしれない本や資料

本や資料などを「またいつか使うかもしれない」と思って捨てられない人はたくさんいます。この不安な気持ちでなかなか捨てられない人にお伝えしたい情報がふたつあります。

ひとつ目は、アメリカの記録学会（NAREMCO:National Records Management Council）が発表したデータによると、「仕事で使う書類の99％が1年以内に作成、収集したもの」だということです。「いつかまた使うかもしれない」と思って**保存してある資料のほとんどは使うことがない**のです。

人によっては家のゴミの9割以上が紙ということもあります。本、雑誌、資料などが山積みになっています。

でも、ほとんどはもう使いません。

こちらも3年間使うことがなかったモノは勇気を出して捨てることです。それで困ることはありません。

今は同じデータを図書館やインターネットで検索することができますし、古本もインターネットや古本屋で購入することができます。

ふたつ目の情報は**「資料はデータ化して保存するといい」**ということと、時には「外部の業者を上手に活用する」ということです。

今はスキャナーも高性能化しているため、本を1冊、データとして読み取ることにものの数分もかかりません。音楽のCDもiPodやiPhoneに数千曲もコピーすることができます。きっと部屋のCDも数百枚捨てることができるでしょう。

私も以前は漫画を2万冊、CDを1000枚近く持っていましたので、「飾って並べておきたい感覚」はとてもよくわかります。

でも、これも勇気を出して〝えいやっ〟と「モノそのものは捨ててしまう」のです。すると意外と、部屋が広くなったあとに後悔はまるで残らないものなのです。

データの保存に便利なサービスや商品

● データ共有サービス

共有サーバーを使ってデータをインターネット上に保存すれば、どこからでもアクセスできます。スマートフォンや iPad からも見られるので便利です。

- Gmail →自分のアドレスに重要なファイルを添付して送っておけば、共有サーバーとして代用できます。
- Dropbox →会員登録するだけで、誰でも 2 ギガバイトの共有ファイルを利用できるオンラインサービス。

● 外付けハードディスク

大容量のデータを一度に保存できてしまう外付けのハードディスクが便利です。今は 1 テラバイトという大容量 HDD が 1 万円前後で購入できます。

● マンガ、書籍の読み取りサービス

A4 サイズ以下であれば 1 冊 100 円前後からスキャンしてデータ化してくれる業者があります。「スキャンサービス　比較」で検索するとたくさんの業者を見つけることができます。

● スキャナー

いつか使うかもしれない仕事の資料や本。スキャナーがあれば、自分でデータ化が簡単にできます。「書籍　スキャナー」で検索すると最新の高性能スキャナーが見つかります。

● カッター

自分のスキャナーでデータ化する場合、書籍は専用のカッターで束カットすると便利です。「書籍　カッター」で検索すると最新の高性能のカッターを発見できるでしょう。

● VHS ビデオテープの DVD 化

自宅で簡単に VHS ビデオテープを DVD にダビングする機器もあれば、ダビングを代行してくれる業者もあります。

捨てられない理由11

人に譲る、売る予定

「これはただ捨てるのはもったいない。誰かにあげよう」「もったいないからオークションかフリマで売ろう。そうすればけっこうなお小遣いになる」と思ったまま、モノが部屋の中でゴミ化していることがよくあります。

あげたり、オークションに出したりすることは、じつは簡単です。でも、なかなか部屋を片付けられない人にとっては少し敷居が高いかもしれません。たくさん出品するほど頭の中が整理されていないからです。

「いつかあげるつもり」「いつか売るつもり」と思ったままずっと部屋に残されているモノはありませんか？

このような人たちにおすすめするのが、**「譲る期限」「売る期限」を決めること**です。３カ月後などに設定し、それまでにしなかったなら、きっとそれはいつまでも同じ状態で残り続けます。ですから、期限までに譲ったり、売ることができなかったら、そのときに思い切って捨ててしまいましょう。きっと部屋が広くなり、爽快な気分を味わえるようになります。

捨てられない理由12

モノが置いてあることはタダだと思っている

家の中のスペースはすべてにお金がかかっています。単純な話ですが、狭い部屋よりも広い部屋のほうが家賃は高く設定されています。スペースはお金で表せるのです。

でも、せっかくの広い部屋がたくさんのモノに占拠されて、開放的なスペースがほとんどない人がいます。反対に、部屋は狭いのですが、ムダなモノが少ないために開放的なスペースがたくさんある人もいます。このふたりは家賃が倍以上違うのです。

あなたはモノのために家賃を払いますか？ 自分のために家賃を払いますか？　ぜひ使わないモノを捨て、「自分のために家賃を払う」ことができるようになってください。

捨てられない理由13

いただいたモノだから

他人からいただいたモノはなかなか捨てられないですよね。捨てたりしたら人間関係にひびが入ってしまうのではないか、という心配も起きてしまいます。

そうならないように、**なるべく人からは不要なモノをもらわない**ようにすることが大切です。今、本当に必要としているモノしかもらうべきではありません。

好意でモノをくださろうとしている人に断りにくいかもしれませんが、「ありがとうございます！　でも私の家は狭くて置き場がないのです」と明るく伝えましょう。

すでに人からいただいたモノで困っているときには「必要としている人がいて、私以上に大切にしてくれると思ったので譲りました」とお伝えしましょう。

捨てられない理由14

捨て方がわからない

「捨て方がわからない」「分別の仕方がわからない」ということで捨てることが億劫になってしまっている人もいます。

こういう人は面倒くさがらずに市のHPを見たり、電話をしてみることをおすすめします。丁寧にわかりやすいように教えてくれます。

ゴミもあまりためすぎてしまうと、分別などが非常に面倒になります。ゴミはためることなく、**すぐに捨てていくことが大切**です。

また、高額なサービスになってしまいますが、ゴミ回収の業者に直接、家に引き取りに来てもらってもいいでしょう。お金に余裕があるのでしたら、すぐにその日からスッキリすることができます。

捨てられない理由15

なくなることが不安

捨てられない理由10の「また使うかもしれない本や資料」に似ているのですが、そもそもモノを捨てることを不安に思っている人がいます。

「捨てたことを後悔するのではないか」「モノを持たない生活が不安だ」「なくなってしまったらきっと不便になる」と彼らは言います。

このような人たちは几帳面な一面を持ち合わせていることが多く、汚部屋というほどではありませんが、部屋にたくさんのモノがあふれていて、部屋が狭く感じてしまいます。

彼らは概して「**不安になりやすい習慣を持っている**」のです。良くいえば、しっかりと準備と段取りをする人です。悪くいうと神経質な人です。

自分の脳の状態を、外脳である部屋は表しています。モノを捨てることによって、不安になりやすい性格を変革していくのだ、というつもりで掃除を進めてみるのもいいでしょう。

6章

「キレイな状態」を日常にするために

キレイな状態を維持することは、
キレイにすることよりも難しいともいえます。
くじけそうになったときは、この章を読んでみてください。
きっとやる気が再びわいてくるはずです！

01

余計なモノは「買わない、もらわない、持ち込まない」

家も人間の体も一緒です。余計なモノを内側から減らし、デトックスしましょう。ムダなモノがなくなると、健康な力がわいてくるような家になります。

家の中からモノを減らしていくには、3つの原則があります。

「買わない、もらわない、持ち込まない」の3つです。

家のモノが増えるのは、「買う」「もらう」「どこかから持ち込む」「拾う」のいずれかをしてしまうからです。ただ、今までに「拾う」癖を持っていたのは出会った人の1％くらいですので、一般的な話として「買わない」「もらわない」「持ち込まない」の3原則を意識しよう、と伝えています。

「買わない」「もらわない」というのは意識しやすく、行動習慣も変えやすいのですが、「持ち込まない」というのは注意が必要です。職場の仕事や資料を持ち帰ったり、通勤途中で見つけたフリーペーパーを手に取ってしまったりすると、あっという間に部屋は散らかっていきます。

ハウスデトックス3原則

02

「衝動買いを防ぐ」4つのコツ

◎財布の中身はシンプルに

財布に余計な会員証やカードや割引券を入れないようにしましょう。財布の中にあると、ついついお店に寄ってしまい、衝動買いをしてしまう原因にもなります。「今日は（明日は）買い物をする」と決めたときに必要な分だけ、財布に入れて持ち歩くようにしましょう。

掃除の意識が高まると準備、段取りができるようになっていきます。お金の使い方も計画的にしていきましょう。

◎買う前に自分に質問する

汚部屋の掃除でたくさん出てくるモノといえば「便利そうなモノ」「100円均一ショップで買ったモノ」「コンビニで買ったモノ」などがあります。

まず、**便利そうなモノと、本当に使うモノは違います**。買い物をする前に「本当に使うかな？　いつ使うかな？　部屋にモノが増えるけど買っていいのかな？」と自問自答してみましょう。

また100円均一ショップなどでは、「安いから」と思ってついついたくさん買ってしまいます。そういうときは「この商品が500円でも買う？」「この商品が50センチでも買う？」という質問を入れ、ワンクッション置きましょう。

先述しましたが、小さいモノであっても、使わないモノはゴミなのです。ゴミを、お金を出して買ってはいけません。使うモノだけを購入しましょう。

寿命の短いモノは買わず、一生モノを慎重に選ぶ

汚い家に行くと、すぐに壊れてしまいそうな寿命の短いモノにあふれています。キレイな家に行くと一生使えそうなモノがキレイに整頓されて置かれています。モノに対する愛情が表れているのでしょう。

みなさんは、愛着の持てない安物を次々に買い替えるより、**一生使えるようないいモノをじっくりと吟味して買ったほうがいい**でしょう。結局そのほうが安くつくこともあるのです。

くれぐれも衝動買いは禁物です。

どんなモノに囲まれているかで自己イメージは変わっていきます。モノとは日々、対話をするからです。

一流のモノに囲まれていると自己イメージも一流に近づいていきます。すぐに壊れてもいいや、というモノに囲まれていると自分自身に対しても投げやりになっていきます。自分の人生に合うモノを慎重に選ぶようにしましょう。

◎借りられるモノは買わない

レンタルできるモノはレンタルしましょう。映画のDVDは借りてくれば400円程度です。5000円出す必要はありません。保管するスペースも必要ありません。きっと5回も見ないでしょう。一度しか見ないかもしれません。

特に汚い家の人は家にいても落ち着かないため、週末になると家族で出かけたりします。そして、そのために釣りセット、バーベキューセットなどをまた買ってしまうのです。けれど、1年に1回くらいしか使わないモノなら、その日だけレンタルするほうがいいでしょう。

「手間がかかる」「気を遣う」「洗うのが大変」と感じるかもしれません。でも、家に使いもしない粗大ゴミがずっと置かれるよりははるかにいいでしょう。

モノを買うと、モノに対して家賃が発生します。「借りるよりも買ってしまったほうが得」という声も聞こえてきそうですが、本当にそうでしょうか？

自分が何回くらい使いそうなのか、ということを実際に計算してみて、借りて済むことであるならば、借りてしまいましょう。

03

「掃除仲間」をつくる

習慣教育の秘訣のひとつが「仲間をつくり、仲間と取り組む」ことです。

人は自分との約束は破っても、他人との約束は守ろうとします。

また、仲間と楽しく取り組みをしていると、笑ったり、ほめられたり、楽しいことが続きます。

人は正論や理性によってでは、じつは動かされません。「**楽しい**」「**嬉しい**」という感性によって行動は起こります。

仲間とともに掃除の写真をメールで送り合うのもいいでしょう。きっとその行動があなたの掃除の習慣づくりを確実なモノにします。

友達と時々、お互いの家を行き来して一緒に食事をするのもいいでしょう。

Facebookにお互いの掃除の状況を投稿して、「いいね！」を押し合うのもいいでしょう。

Facebookの非公開グループ登録をすれば、掃除の状況については許可した友人にしか見られないように設定できます。

実際に、Facebookを活用してそうじ道に取り組んでいる人たちはたくさんいます。

一度、その人たちの投稿をのぞいてみるのもおすすめです。見ているだけでやる気になりますから！

04 「掃除が楽しくなる」条件付けをしよう

掃除を継続する秘訣は、我慢、忍耐ではありません。その行動自体に、心地よさを感じられるようにすることが長続きの秘訣です。いろいろな工夫をして、**掃除が「快」である**と感じられるようになるための、条件付けをしていきましょう。

ここでは、簡単にできるふたつの方法をお教えします。

◎ 掃除のときは好きな音楽をかける

自分の好きな音楽を聴いているとき、脳は「快」の状態になります。そのときに掃除をすると、「掃除＝快」という条件付けが脳に刷り込まれます。

我が家では、以前、掃除をするときに植村花菜さんの『トイレの神様』をかけていました。この歌はほぼ10分くらいです。毎日、『トイレの神様』をかけて掃除をしていたら、当時、3歳の娘まで、この曲が流れ始めると掃除をするようになってしまいました！　テレビやラジオで『トイレの神様』がかかると「パパ、掃除しようよ」と私が寝ていても起こされたものです。

◎掃除が楽しくなるようなネーミングを考える

快・不快の感情に理性は関係ありません。「掃除」という言葉そのものに不快な感情を抱いてしまうと掃除自体が無意識にできなくなってしまいます。

「なんで掃除しないの！」と怒られ続けた人は「掃除は僕を苦しめるものだ」と潜在意識が掃除を嫌いになっていきます。

「掃除をしてくれてありがとう。助かったわ」と育てられた人は、掃除に対していい印象を持ち、掃除の好きな人生を歩みます。

掃除という言葉がどうにも好きになれない人は、

「今からクリーニングしよう」

「今からトレーニングしよう」

「今からそうじ道の修行をしよう」


と言うようにしても、いいでしょう。

言葉を変えるとできるようになることがあります。


同じように、掃除で使うグッズなどにもすべて快の感情を持てるような**言葉遊び**をしてみるといいでしょう。左ページのイラストのようなものでも構いません。楽しくなるような言葉であれば、なんでもいいのです。

掃除の行動ひとつひとつが楽しくなってしまうようなネーミングをぜひ考えてみてください。

そして、おもしろいネーミングを考えたら、ぜひシェアさせてください！

ちなみになぜ「そうじ道」「朝10秒そうじ」と平仮名を使っているかというと、子どもから大人まで「簡単にできるものなんだよ。楽しいんだよ」という印象を持ってもらいたいからなのです。

実際に幼稚園児でもできることですから、みなさんも「掃除（そうじ）」を大好きになる工夫をしてみてください。

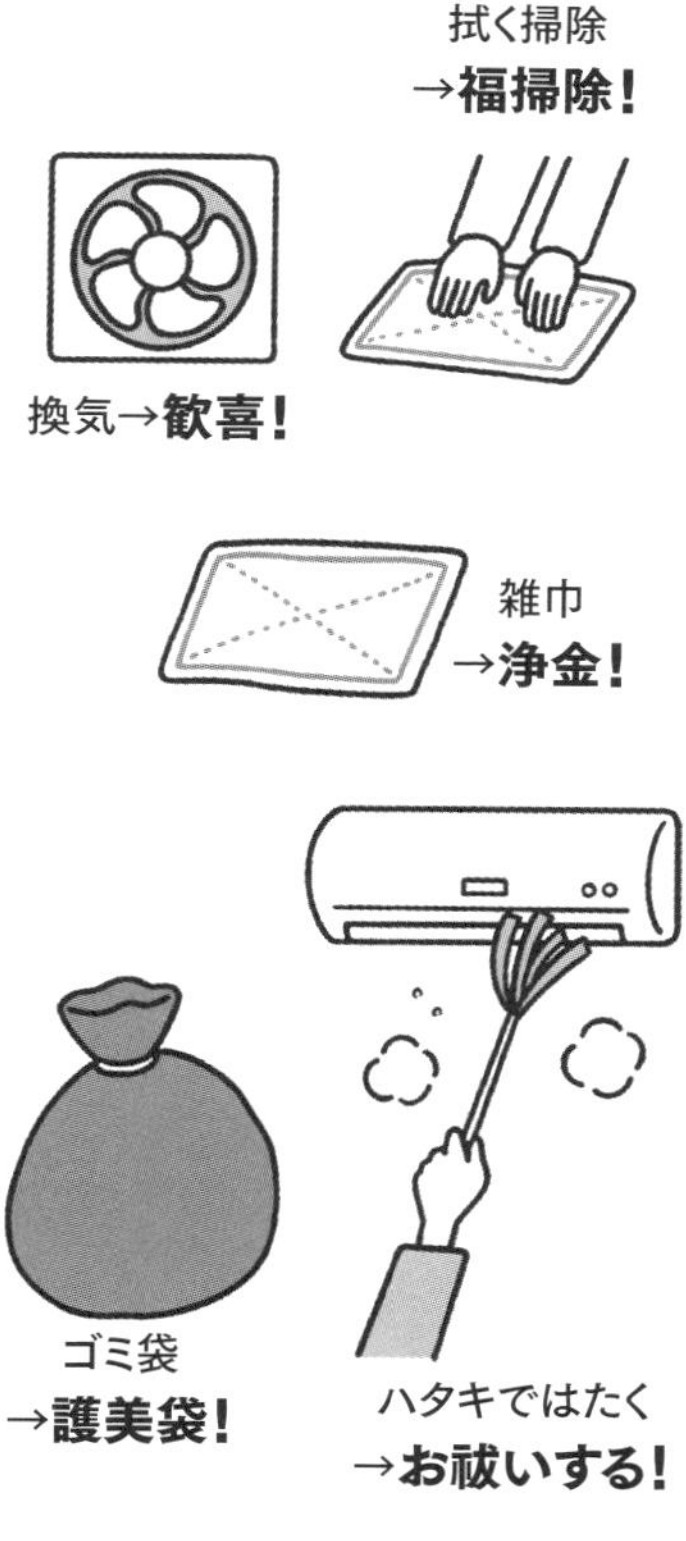

05 掃除は「毎日することとセット」で行う

毎日の行動習慣とセットで掃除をしてしまうこともおすすめです。たとえば、

- テレビのCMのときは、テレビの横のハタキを持って、部屋を1周する。
- 靴を脱いで揃えるときに、ついでに玄関を10秒そうじする。
- 食事の「いただきます」をする前にダイニングテーブルを10秒そうじする。
- 風呂から出るときは必ず排水溝のゴミを取ってから出る。

……などです。毎日している行動とセットでするので、忘れずに習慣化することができます。

です。

◎気軽に掃除ができるように掃除グッズを配置する

このときのコツは、ノンストレスでできるように掃除グッズを配置することです。

テレビの横にははじめからハタキを置いておく、10秒そうじをしやすいところにゴミ箱を置いておく、水が飛び散ってもすぐに一拭きできるよう洗面所にふきんを常備する、などもいいでしょう。

小さな掃除機がリビングに置いてあれば、気になったときにすぐ掃除機で埃を吸い取ることもできます。

掃除はため込まないことが楽をする秘訣です。汚れもこびりついてしまうと落とすのに時間も労力もかかります。

気になったときに、すぐに掃除をするためにも、**パッと手が届くところに掃除グッズを置いておく**といいでしょう。

06

忙しいときは「その場しのぎBOX」が便利

毎日掃除をし、部屋をキレイに保つことが理想ですが、忙しい日や仕事が終電までかかってしまった日、仕事がたまっているときなど、毎日きっちり掃除をする時間がないのが現代人です。

そのような場合は、毎日は朝「10秒そうじ」にして、週末など時間があるときに中掃除、大掃除をするのがいいでしょう。

さらに、郵便物や本や雑誌、新聞など、とりあえず机の上のモノを入れる**「その場しのぎBOX」**をつくると便利です。忙しいときは、その場しのぎB

OXに入れてふたを閉じてしまえば、部屋は汚れて見えません。

ただし、その場しのぎBOXはあくまでも仮置きのBOXです。あまりに大きいとモノをため込む「永久保管BOX」になってしまうので、1週間分のモノが入る程度の大きさにしましょう。

そして、**「週1回、必ずカラにする」**というルールを自分に課して、週末には片付けるようにしましょう。

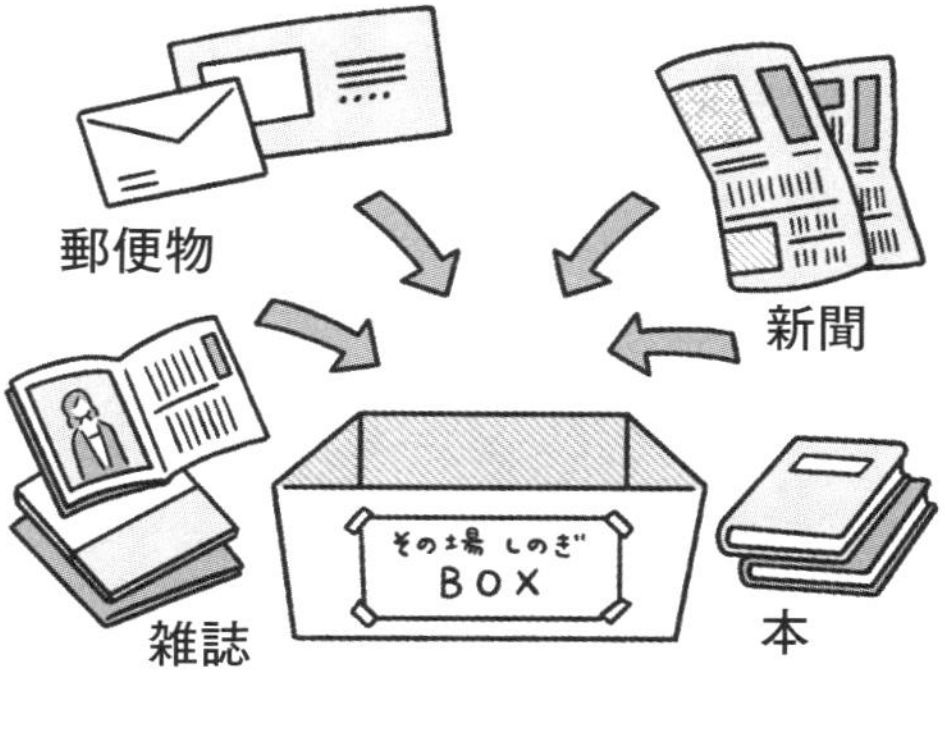

07

「散らかさない」心がけも大事

◎無意識にやっている散らかす行動を有意識に変える

どれほど毎日掃除をする習慣が身についても、毎日散らかしてしまう癖を直さない限り、家はキレイになっていきません。

人によっては「一部屋をキレイにキープするのが限界」という人もいれば、限界が二部屋という人もいるし、家全体をキレイに保ち、家の外までキレイにできる人もいます。これは、「散らかさない技術、能力を身につけているか」という差なのです。

まず、自分の部屋を見回してください。散らかっている場所、モノをじっくり見てみます。この場所が散らかってしまった理由はなんだと思いますか？散らかしてしまった瞬間がどういうときで、どういう感情だったかを考えてみましょう。「無意識」にやってしまっている行動を「有意識」にするのです。

人が散らかしてしまうよくある行動を例にしてみます。

●無意識レベルで、安心するあまり散らかしてしまう

↓家に帰ったら玄関にモノを置いてしまう。

●無意識レベルで面倒だと思っている

↓服を脱いでもクローゼットにしまったり洗濯かごに入れるのが面倒で脱ぎ散らかしてしまう。薬を飲んで、わざわざ薬箱にしまいに行くのが面倒。

●無意識に使ったモノを片付けずに出しっぱなしにしてしまう

↓読んだ本を読みっぱなしにしてしまう。食べたモノを食べっぱなしにしてしまう。脱いだ服を脱ぎっぱなしにしてしまう。

どの散らかすという行為も「無意識」でやってしまっているのです。意識的に部屋を散らかす人はいません。この無意識の行動を有意識に変えるのが習慣教育なのです。

そのためにおすすめする手法は、1日に何回か「今、最高の環境をつくれているかな？」と思い出すアラーム機能を生活に導入することです。携帯で2時間に1回、音を鳴らすのもいいでしょう。ご飯を食べるときに必ず意識するのでもいいでしょう。トイレへ行くときに必ず意識するのもいいでしょう。

「**意識して思い出す**」ことをするのです。

アラームが鳴ったら自分の身の回りを見渡します。この数時間で無意識にまき散らかしたモノが目に入るでしょう。そうしたら次は有意識で、ひとつひとつ片付けるのです。つねに最高のパフォーマンスを発揮できるように、身の回りをキレイにするのです。その有意識の繰り返しで散らかさない技術は身についていきます。

◎習慣づくりのルールを決める

自分がどういうときに散らかしてしまうのか、という傾向について有意識になれてきたら、その行動をしないようにルールを決めます。これを習慣教育では**「十の誓い」**といい、10個の習慣づくりのルールを決めて取り組んでいます。

家に帰ったらすぐに玄関にモノを置きっぱなしにしてしまう習慣がある人を例にすると、「今までの私は出張から帰ると安心してしまい、出張用のバッグを開くこともなく玄関に置き去りにしていました。これからの私はバッグから洗濯物を取り出し、バッグは書斎へ移動させます」というように今までの自分がやっていた無意識行動と、これからの私はどうするかを書き出すのです。

こうすることによって、また無意識に悪い行動習慣をしようとしたときに「いけない！　またやりかけてた！」と気付くことができるようになります。

08

「あと片付け」を習慣にしよう

掃除をする技術と散らかさない技術というのはまったく違うものです。

掃除が好きで、得意であっても、毎日のように部屋を散らかしてしまう人がいます。そういう人は毎日、自分で部屋を散らかし、そしてまた自分で片付けることを繰り返しています。ある程度まで掃除ができるようになったら、次に考えて会得してもらいたいことは「**あと片付けをする習慣**」です。

私もあと片付けが苦手でした。気をつけようと考えているのですが、なかなか得意にはなれませんでした。「計画を立てたり、段取りを立てたりするのは大好きなのに、どうしてもあと片付けは苦手なんだよなぁ」と思っていました。

しかし、ふと発想の大転換をできるときがきました。「あと片付けの概念を変えよう。あと片付けと思うと楽しくなくなる。これは**次回への準備**、段取りなんだ！」そう思った瞬間から、「あと片付け」が好きになってしまったのです。

みなさんも、「あと片付けとは○○だ」と自分に都合のいい思い込みを考えてみてください。得意でない行動の言葉はすべてつくり変えてしまいましょう。

物事をうまくやれている人というのは「**準備↓実行↓あと片付け**」のサイクルが上手に回っています。しっかりと準備をして、しっかりと行動をする。ここまでで大きな成果を上げることができても、次に落とし穴があります。しっかりとあと片付けをしないと、成功を繰り返し収めることができないのです。

多くの人が実行をしたときに「終わった」と勘違いしたり、無意識にほっとしてしまい、あと片付けをしません。毎回、しっかりと次回への準備をしておくことで、心身ともに気持ちよく最高のスタートをきれるようにしましょう。

09

部屋の状態を「定期的にチェック」

部屋のドアを開けて、**部屋の中に入ったときに感じるストレス**を書き出してみましょう。

使いなれてしまった部屋だから、もうストレスに気付けていないかもしれません。けれど、これが気付きの能力や改善の能力を高めるトレーニングにもなります。

このトレーニングを通して、仕事のできる人間になっていきましょう。

- 微妙に取りにくいモノはないか？

・微妙に行きづらく感じているところはないか？
・しまうのが面倒なところはないか？
・取り出すのが面倒なところはないか？
・なかったらもっとスッキリするのに、と思うモノはないか？
・圧迫感を感じるモノはないか？
・出っ張っているモノはないか？

注意深く見ていくと、無意識に感じているストレスはきっとあると思います。それらを改善すると、さらにあなたの部屋はあなたにとって「癒やしの空間」になります。

そして、あなたに元気と活力を与えてくれることでしょう。

ぜひ定期的に、このような部屋のチェックをしてみてください。

1日1回これさえすれば習慣になる!!

朝「10秒そうじ」チェックリスト

10 秒でできる掃除をリストにしてご紹介します。
まずは1日1回、この中から選んで掃除を始めてみてください。
すべて終わる頃には、いつの間にか掃除が習慣化しているはずです。

玄関	□ ゴミを掃く □ 靴を揃える □ 使わない靴をしまう	□ いらない傘を捨てて整頓する □ 玄関棚の上を片付ける
リビング	□ 換気する □ 新聞、雑誌を捨てる □ 窓にハタキをかける	□ 粘着ローラー、フローリングワイパーで掃除する □ リモコン類を整頓する
キッチン	□ 換気扇を回す □ 冷蔵庫の中から賞味期限切れのモノを捨てる	□ 重曹で油汚れを拭く □ 水はねを拭く □ 食器を片付ける

ダイニング	□ テーブルを拭く □ 調味料の瓶を拭く □ テーブルの上のモノを片付ける	□ 食べ終わった食器を片付ける □ 椅子にかかっているモノを片付ける
風呂	□ 換気する □ 排水溝のゴミを捨てる □ 使いきったシャンプーを捨てる	□ 鏡を拭く □ シャワーで水をまく
トイレ	□ 換気する □ 便座を拭く □ 便器を磨く	□ トイレットペーパーを補充する □ 便座カバー、マットを交換する
洗面所	□ くしに絡んだ髪の毛を捨てる □ 蛇口やシンクを拭く □ 鏡を拭く	□ 洗面台を拭く □ タオルを交換する
寝室	□ 換気する □ ゴミを捨てる □ 床を拭く	□ 布団を整える □ 枕カバーを交換する
デスク	□ 使わない文房具を捨てる □ ハタキで埃をとる □ 机を拭く	□ 出しっぱなしの書類をしまう □ いらない本を捨てて整頓する

1500円で人生が変わる!

100円均一ショップで揃える掃除グッズ15点セット

15 点の基本のグッズがあれば、たいていの場所は掃除をすることができます。どれも 100 円均一ショップなどでも売っていて、気軽に買えるモノばかりですので、ぜひ揃えてみてください。

ほうき・ちりとりセット大＆小

ほうき・ちりとりセットは、机の上の消しカスなどを掃除する小さなモノと、玄関や外を掃除する大きなモノを用意しましょう。

ハタキ 大＆小

静電気で埃を吸着できるタイプが便利です。大きいハタキと、机やPC 周りの埃を取る小さいハタキがあるといいでしょう。

フローリングワイパー＆シート

掃除機ほど重くないので、気軽にフローリングの掃除ができます。シートはドライタイプだけでなく、ウェット、ワックス、洗って何度も使えるタイプなどもあります。

粘着ローラー

カーペットの埃やゴミを掃除するには、粘着ローラーが便利です。粘着部分の幅や柄の長さは様々なタイプがありますので、使いやすいものを選びましょう。

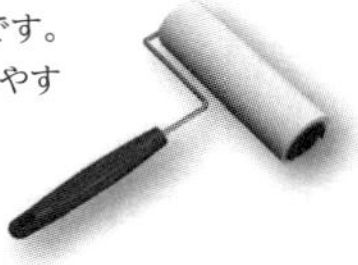

スクイジー

水を切るゴムの部分がしっかりとしているものを選んでください。少しでも曲がっていると、窓磨きをしたときに線がついてしまいます。

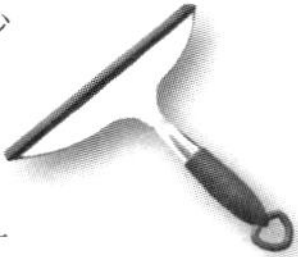

クエン酸

水垢汚れに効くクエン酸は100円均一ショップで購入したモノで十分です。大理石など酸性に弱い素材には使わないようにしましょう。

重曹

家の汚れの9割以上には、重曹で対応できます。一般家庭であれば1回購入したら、数カ月から1年は持つでしょう。アルミ製品には向かないので気をつけてください。

スプレーボトル

重曹とクエン酸をそれぞれ水に溶かしてスプレーボトルに入れ、いつでも気楽にシュッシュッと使えるようにしておきましょう（145ページ参照）。

雑巾

3枚100円が相場です。最近ではマイクロファイバー雑巾も売っていますので、そちらもお勧めします。

スポンジ＆たわし

掃除する場所によって、適しているものがあります。硬めと柔らかめ、2種類用意しましょう。メラミンスポンジは素材を傷つけてしまうこともあるので、注意してください。

トイレブラシ

トイレ掃除には不可欠なブラシ。月に1回くらいは重曹を混ぜた水に漬けおきして、除菌しましょう。汚くなったらこまめに買い替えてください。

掃除の誓い

あなたは、どこから朝「10 秒そうじ」を始めますか?
朝「10 秒そうじ」をする場所、そこを掃除することでどのような気分を味わいたいか、などを記入し、あなた自身と契約を結びましょう。
特に、味わいたい気分は、具体的に書くように心がけましょう。

例　私、山田太郎は毎日デスクを朝「10 秒そうじ」します。
1 カ月後の 1 月 10 日には、デスクはピカピカで、
仕事が順調に進む爽快な気分を味わっています。

________年____月____日

私、____________は

毎日________________を朝「10 秒そうじ」します。

1 カ月後の____月____日には、

________________はピカピカで、

______________________________気分を
味わっています。

本書は、ワニブックスより刊行された『10 秒朝そうじの習慣』を、
文庫収録にあたり再編集のうえ、改題したものです。

朝《あさ》「10秒《じゅうびょう》そうじ」のすすめ

著　者　今村　暁（いまむら・さとる）
発行者　押鐘太陽
発行所　株式会社三笠書房
〒102-0072　東京都千代田区飯田橋3-3-1
https://www.mikasashobo.co.jp
印　刷　誠宏印刷
製　本　ナショナル製本

ISBN978-4-8379-3104-1　C0130

本書へのご意見やご感想、お問い合わせは、QR コード、
または下記 URL より弊社公式ウェブサイトまでお寄せください。
https://www.mikasashobo.co.jp/c/inquiry/index.html

王様文庫